ちくま新書

民法改正

——契約のルールが百年ぶりに変わる

内田 貴
Uchida Takashi

925

民法改正——契約のルールが百年ぶりに変わる【目次】

第1章

一〇〇年ぶりの見直し

†民法の改正

民法という日本の法体系の中心に位置する法律の中核部分が、制定以来一〇〇年余りを経て、初めて大きく改正されようとしています。

民法は一九世紀の末、一八九六（明治二九）年に、日本が近代国家として西洋諸国と伍《ご》していくための国家戦略の一環として制定されました。法律家の間では、しばしば、民法は「私法の一般法」だと言われます。その意味は、日常生活や経済活動など、われわれの日々の活動にかかわる法律の中の最も基本的な法律だということです。つまり、われわれの日常と密接にかかわり、その最も基本的なルールを定めている法律が、いま変わろうとしているわけです。

民法（民法典とも呼ばれます）がどのような法律なのかについては、次章で詳しく見ますが、経済活動をゲームにたとえるなら、民法はそのゲームの基本的なルールを定めている法律です。

店で商品を買うのは売買という契約で、マンションの部屋を借りるのは賃貸借という契約です。そのことは誰もが知っています。しかし、買い物が売買で部屋の貸し借りが賃貸借だというのは、日常用語ではなく、民法がそう定めているのです。法律を知らない人も、その生活は、民法と深くかかわっています。そして、商品を買ったとき（売ったとき）のトラブル、部屋を借りたとき（貸したとき）のトラブル、お金を貸したとき（借りたとき）のトラブルについて、基本ルールは民法の中にあるのです。それが変わるとなれば、毎年国会で行なわれている数多くの法改正のひとつ、として済ますわけにはいかないことを感じとっていただけるでしょう。

†対象は契約法

民法の改正、というと、夫婦別姓などの家族法の改正を思い浮かべる人がいるかもしれません。また、二〇一一年には、児童虐待への対応のひとつとして、親が子を養育したりしつけたりする権利義務を意味する「親権」という制度についての改正が行なわれました。これまでも、不届きな親の親権を奪ってしまうという「親権喪失」という制度はありましたが、それではあまりに極端な事例にしか使えませんでしたので、期間を定めて親権を停止するという制度が導入されたのです。これも民法改正です。このように、民法は家族関係から経済取引まで、幅広い範囲についてさまざまなルールを定めています。

しかし、本書が扱う民法改正は、家族に関する部分ではなく、広い意味での経済活動にかかわるルールを定めている領域の改正です。企業間の取引からわれわれの日常の衣食住にかかわる活動まで含む、広い意味での経済活動は、次章で述べるように、すべて契約という制度を用いて行なわれます。本書が扱う民法改正は、この契約にかかわるルールの改正です。以下では、「契約法改正」と呼ぶこともあります。

†一〇〇年ぶりの改正

ところで、民法の中の家族にかかわる領域は、一九四六年に戦前の大日本帝国憲法が現在の憲法に変わったのを受けて、それまでの「家制度」を廃止するため一九四七年に全面的に改正されました。これに対して、経済活動にかかわる領域（法律家の間で「財産法」と呼ばれる領域）はあまり改正されていません。もちろん、外見は制定時と大きく変わっています。二〇〇四年にそれまでのカタカナ文語体の条文がひらがな口語体に変わったからです。もっとも、逆に言えば、ほんの一〇年足らず前まで現代人にはほとんど読解不能なカタカナ文語体だったこと自体、驚くべきことかもしれません。

財産法の領域の内容的な改正は、実は、これまでもいくつか行なわれてはいます。たとえば、一九九九年には、それまでの禁治産《きんちさん》・準禁治産という制度が廃止されて成年後見制度に変わりました。精神的能力の劣った人に「禁治産」や「準禁治産」というラベルを貼って取引社会から排除するという制度をやめて、ノーマライゼーションの理念のもと、精神的能力の衰えた人も、制度的なサポートをすることで、残存能力を活用してできるだけ取引社会に参加できるようにしようという方向に転換したのです。もちろん、その背後には高齢化社会の到来という事情がありました。そして、「財産を治めることを禁ずる」(禁治産)という差別的名称を廃止して、成年後見に改めたのです。

また、二〇〇四年の民法現代語化の際には、保証についてのルールの改正もなされ、長期にわたって無限定に高額の責任を保証人が負うことのないように、一定の手当てが導入されました。そのほかにも、若干の改正がなされていますが、契約に関するルールのほとんどは、制定以来手がついていません。一八九六(明治二九)年の制定時からほとんど改正されていないのです。

一八九六年という年は、三陸地方に大津波が押し寄せた明治三陸大津波の年として、東日本大震災との関連で注目を集めました。このほか当時の社会をうかがわせる事実としては、新橋・神戸間の東海道線が全線開通したのがその七年前の一八八九年であり、また東京・大阪間の長距離電話が始まったのが三年後の一八九九年です。日本の人口は約四三〇〇万人、前年に日清戦争が終わっています。司馬遼太郎が『坂の上の雲』で描いた時代といえばある程度想像できるでしょうか。その頃西洋から日本に導入された契約ルールが今も使われているということです。

もっとも、第4章で詳しく述べますが、日本の民法がモデルとした民法のひとつであるフランス民法は、一八〇四年にナポレオンのもとで作られたものです。それがいまだに使われているという事実は、改正を怠っていたという面もあるにしても、採用されたルールの普遍性の高さをも示しているともいえるでしょう。とはいえ、制定以来一〇〇年余りの間の社会の変化の大きさを考えれば、誰しも、時代に合わなくなっている部分も多かろう、と想像するのではないかと思います。そろそろオーバーホールを行なって、新しい時代に適した民法に改めることに、誰も違和感を持たない、と思われるでしょう。

†改正への疑問

ところが、現在進行している契約法の改正に対しては、根本的な疑問を提起する人たちが、法律家の中に少なくありません。改正をめぐる議論が活発化したのは五年程前ですが、当初、知り合いの弁護士や裁判官に改正の話をすると、まず「何で改正する必要があるんだ」という反応がしばしば返ってきました。「解釈でうまく回っていて別に何も困ってないのに、何をわざわざ改正する必要があるのだ」というのです。

その次にくるのが、「会社法みたいになるのか」という反応です。あの法律は読みにくい、また条文の中の文字数も多くて、何を書いてあるのかよくわからない、というのです。会社法はもともと商法という法律の中のひとつの編として置かれていて、一九九〇年代に入ってからは、毎年のように頻繁に改正されていました。条文番号にも枝番号が付いて、たとえば「二六六条の三」などという番号が付いていました。それでも、当時の商法に慣れ親しみ条文番号で内容を覚えていた法律家からすると、条文の数字を聞いただけでただちに内容がわかったわけです。

ところが、二〇〇六年から施行された会社法は、商法から独立して単独の法律になりましたので、条文も一条から始まって番号がずれましたし、そのうえ、法律の中の構成がすっかり変わってしまいました。このため、たとえば、かつて二六六条の三という条文番号で覚えていた「取締役の第三者に対する損害賠償責任」に対応する規定が、新しい会社法のどこにあるのかを探すには、新しい構成を頭に入れないと容易ではなくなりました。そのために大いに迷惑を被ったというのです。

年配の弁護士の中には、会社法関係の仕事を受けることはやめたという人もいるといいます。「会社法ならそれでも何とかなったが、民法についてそんなことになると、もう弁護士廃業だ」と冗談とも本音ともつかない言葉を耳にします。

もっとも、これだけを聞けば、時代に追いついていけない古い実務家の繰り言に聞こえるかもしれません。実際、どんな理由であれ、現在ある法律を変えるという提案は、どこの国でもいつの時代でも、つねにこの種の反対に遭遇するのが現実です。

†解釈で回っている？

しかし、「解釈で回っているから改正の必要はない」という批判は、もっと根本的な問題提起を含んでいます。そして、それは今回の改正の基本理念のひとつと密接にかかわる問題提起です。

法律は、裁判の基準となり、また行為規範として人びとの行動の基準として機能します。しかし、法律の条文の言葉だけでは、どのような場合に何をすべきか、またある行為をすればどのような効果が生ずるか、などの細部がはっきりしないことが少なくありません。

そこで、法律を「解釈」して、その条文の趣旨からすればこうなる、という細かなルールを作る作業が必要となります。これが「法の解釈」であり、そうして作られた理論は「解釈論」と呼ばれます。

民法の場合、第4章で詳しく述べるように、この解釈論が果たす役割が異常ともいえるほど大きいのですが、それはともかく、解釈論によってルールが作り出され、それが安定的に適用されて、実際の裁判が行なわれ、人びとの行為規範として機能しているのであるなら、なぜ改正する必要があるのか、というのがこの批判の要点なのです。

†立法事実

そもそも法律の改正というのは、それ自体一定のコストを要することですので、解決しなければならない問題があってはじめて改正は正当化されます。そのうえ、改正法に実務を合わせるために、契約書を書き換えるなどの新たなコストが発生する場合には、なおさら、それらのコストを考慮してなお改正することがより多くの便益を生み出すのでなければ、改正はすべきではないといえます。

解釈で回っているのではないか、という批判は、このたびの改正に、改正することによって解決しなければならない問題、改善すべき問題がないのではないか、という批判です。改正を正当化する事実は「立法事実」と呼ばれることがありますが、民法の見直しに疑問を投げかける人たちは、契約法の改正を正当化する立法事実はないのではないか、と主張するのです。

本書は、この疑問に答えようとする試みでもあります。もちろん、すぐあとで述べますように、改正作業はすでに進行しており、その中で、立法事実は十分示されていると思います。しかし、それらの作業に関連する資料は膨大で、これを読み解くことは、法律家でも容易とはいえません。それに、われわれの日常生活や経済活動に密接にかかわる民法の改正となれば、法律家に限らず、可能な限り多くの国民が、立法事実について納得し、改正を支えようという気持ちを持てるような改正になることが望ましいといえるでしょう。

私は、勤務していた東京大学を二〇〇七年に退職して、現在、法務省で契約法改正作業のお手伝いをしています。それまでの安定した地位を捨ててあとさきのことを考えずに転職を決断したのは、私なりに、改正の必要性について確信があったからです。そこで、多くの人びとがこのたびの改正について理解する一助となることを期待して、私の考える立法事実についてこれから述べていこうと思います。

†改正はどこまで進んでいるか

次章で、改正の対象となっている民法や契約法がいったいどのような法律なのかを見ることにしますが、その前に、改正作業が現在（二〇一一年九月）どこまで進行しているかについて述べておきます。

改正のプロセスは、現在、法制審議会の部会で審議がなされている段階です。法制審議会は、法務大臣の諮問機関として置かれている審議会で、政令によって委員二〇名以内で組織することとされており、現在は委員一九名幹事三名で構成されています。法務大臣からの諮問を受けて審議を行ない、法律改正の場合は、改正の原案となる改正要綱をとりまとめて大臣に答申するのがその役割です。諮問される内容は、「民事法、刑事法その他法務に関する基本的な事項を調査審議すること」とされ、民法もあれば刑法もあり、会社法の改正から取り調べの可視化問題まで幅広い範囲に及びます。このため、審議会委員だけですべてを審議することには無理がありますので、テーマごとに専門家を集めた部会を設置し、そこで審議する形がとられます。

契約法改正の場合、次章で述べるように、民法典の中の契約に関する規定の多くが民法の第三編債権に配置されていることから、債権という言葉を用いて、「民法（債権関係）部会」が設置されました。以下では「債権関係部会」と呼ぶことにします。部会の審議は、制度上は多数決による決定が可能ですが、運用としては、できる限りコンセンサスを形成することが重視されています。

契約法改正の法制審議会への諮問は、当時の千葉景子法務大臣によって二〇〇九年一〇月になされました。それが諮問第八八号です。

諮問第八八号「民事基本法典である民法のうち債権関係の規定について、同法制定以来の社会・経済の変化への対応を図り、国民一般に分かりやすいものとする等の観点から、国民の日常生活や経済活動にかかわりの深い契約に関する規定を中心に見直しを行う必要があると思われるので、その要綱を示されたい。」

つまり、一八九六年の「制定以来の社会・経済の変化への対応を図」ること、言い換えれば現代化を図ることと、「国民一般に分かりやすいものとする」ことが改正の大きな理念であることがわかります。

†中間的論点整理

部会の審議は二〇〇九年一一月にスタートしましたが、約一年半を経た二〇一一年五月に、債権関係部会は「中間的な論点整理」を公表しました。そして、二〇一一年六月から二カ月間、この論点整理についてのパブリック・コメント（意見公募）の手続が実施されました。中間的な「論点整理」とは何でしょうか。

法制審議会の部会では、法制審議会の総会で改正要綱をとりまとめるための準備として、改正要綱案（名称は部会によって若干異なります）を作成します。しかし、そこに至る前に、部会の審議結果を踏まえて「中間試案」を作成し、これについてパブリック・コメントの手続をとることが多いようです。改正要綱案は、その結果を踏まえて作成されます。

中間試案の段階になると、相当程度改正の方向が固まってきます。しかし、債権関係部会では、中間試案のとりまとめに向けた審議をする前に、まず論点整理を行ないました。論点整理というのは、これから中間試案のとりまとめに向けた審議を行なうにあたって、まず議論の対象とすべき論点の範囲を明確にし、留意すべき事項を整理するものです。これまでも、民事訴訟法や倒産法など、大きな立法の際には行なわれてきましたが、契約法改正も大改正なので、このような慎重な手続を踏むことにしたのです。ちなみに、「中間的」というのは、あとに「最終的」論点整理が控えているという趣旨ではなく、改正要綱案に至る前の段階での、というほどの意味です。

論点整理を踏まえた実質的な改正審議は、二〇一一年七月下旬から開始されており、二〇一三年二月頃に中間試案をとりまとめることを目標に精力的な審議が進められています。

第2章

民法とは？ 契約法とは？

1　法典としての民法

†民法の古さ

日本で民法と呼ばれる法律は一八九六（明治二九）年に成立・公布され一八九八（明治三一）年七月一六日から施行されました。成立の経緯は第4章で詳しく述べますが、二〇一一年の時点で、公布から一一五年が経過しています。

現在拘束力を持っている法律で、民法より古いものは五つしかありません。最古の明治一七年の「爆発物取締罰則」（太政官布告第三二号）など一応改正によるメンテナンスがなされているもののほか、明治二二年の「決闘罪ニ関スル件」（法律第三四号）のように、もはや適用の機会がなくなったと思われていたのに、近年、暴走族の抗争に適用されて注目されたものもあります。しかし、いずれにせよ国の根幹を定めるようなものではなく、民法のように国の根幹を定める法律の中核部分が、一〇〇年以上ほとんど改正もなく存続しているというのは異例です。

ちなみに、国の根幹を定めている法律としてまず思い浮かぶのは、いわゆる「六法」と呼ばれる法令です。六法とは、まさに国の根幹を定めている主要な六つの法典を意味し、憲法・民法・刑法・商法・刑事訴訟法・民事訴訟法です。フランスでは、ナポレオンが法典編纂《へんさん》を終えた一八一〇年の時点で、民法・刑法・商法・民事訴訟法・治罪法（刑事訴訟法）の五つの法典があり、その中に当時のフランスで効力を有する法のほぼすべてが集約されていました。日本ではそれに憲法を加えたものが六法と呼ばれ、転じて法令の総体といった意味となり、「六法全書」という名称にも使われるのです。

現在では、これらの六法のほかに大量の特別法が制定され、また六法の領域に収まりきらない新たな領域（経済法、社会法、税法、行政法など）の法律も数多く誕生しています。

しかし、法典とは、元来、拘束力を持っているすべての法律を体系的に整理・集約したものでした。六世紀前半に編纂され後世に絶大な影響を与えたユスティニアヌス法典（ローマ法大全）がそうでしたし、先に述べたように、ナポレオン時代のフランスの五法もそうでした。フランスでは二〇〇〇年に商法典が再編成されましたが、これは当初の商法典の外に生じた大量の特別法を集めて整理したものであり、ある意味で雑多な寄せ集めですが、法典の本来の趣旨には忠実なあり方ともいえます。日本には、「民法典は基本法典だから細かな規定を置くのはおかしい」などと主張する人がいますが、少なくとも歴史的沿革からはそのような主張を導くことはできません。

さて、六法のうち憲法は、一九四六年に大日本帝国憲法（一八八九年制定）が改正されて新憲法が制定されました。また、刑事訴訟法は一九四八年に、民事訴訟法は一九九六年に、それぞれ全面改正されています。刑法は、一九〇七年制定の刑法の改正が一九七四年に試みられ、改正草案が作成されましたが、反対を受けて頓挫し、一九九五年に現代語化されたとはいえ、形の上では一〇〇年以上前の法律がそのまま生きています。しかし、中身はたびたび改正されており、電子計算機やクレジットカードといった表現も登場します。商法は、形式上は一八九九年制定の法律が生き残っていますが、たびたび改正され、当初商法の一部をなしていた破産法、手形法、会社法、保険法がそれぞれ独立の法律となって分離して、制定当初と法律の構成も大きく変わっています。ただし、現在、商法に残っている部分（第一編総則、第二編商行為、第三編海商）は、民法と同様に制定以来抜本改正を経ていませんので、いずれ現代化が課題となるでしょう。

いずれにせよ、六法を構成する仲間と比べても、民法の古さがうかがい知れます。

†民法の編成

さて、民法という法律は、現在第一条から第一〇四四条まであり、途中、改正によって欠けた条文番号や追加された枝番号がありますが、条文の実数は一〇四九条です。全体は五つの編で構成されています。

第一編　総則
第二編　物権
第三編　債権
第四編　親族
第五編　相続

この構成は、単なる便宜で選ばれたものではなく、そこに一つの思想が表現されています。民法は、市民社会と呼ばれる国家から自立した取引社会を法的観点から理解するための思考の枠組みであるということができますが、それを知ることが、民法を理解する第一歩になります。

2　思考枠組みとしての民法

†民法と外国語

私は、大学で民法を二七年間教えていましたが、民法を初めて学ぶ学生に、民法のような、あらゆる法領域の基礎にある法律の学習は、外国語の習得と似ているという話をするのを常としていました。日本語で書いてあるから読めばわかるだろうなどと思ってはいけない。われわれの日常語とは違う言葉であり、日常とは違う文法がある、ということです。このことは、どこの国の初学者にもいえることだと思いますが、とりわけ日本人が民法を学ぶ際にはあてはまることです。その意味は、第4章を読んでいただければ理解できると思います。

外国語を学ぶことが、その言語でものを考えることを学ぶことであるように、民法も、まず単語を覚え文法を覚えて、その独特の用語と論理でものを考えるという思考方法を身につけなくてはなりません。もちろん、外国語習得との対比には、初学者に向けた教育的な誇張も含まれています。民法の条文は、読めばわかるという部分ももちろんありますし、そもそもこのたびの契約法改正は、本書で詳しく述べますように、民法を一般国民にとっても読めばある程度わかるものにしようというのが目標ですから、素人は読んでもわからないものだと決めつけたのでは改正の意味がありません。

ただ、日常とは異なる言語の体系で、そこに固有の語彙《ごい》もあり文法もある、というのは事実です。そして、法律専門家は、その語彙と文法を記憶し完全に内面化して、まさに「法律家のように考える」のです。この「法律家のように考える（"think like a lawyer"）」というフレーズは、法学教育の目標としてアメリカでしばしば用いられますが、どこの国の法学教育にもあてはまるでしょう。そして、契約法は、法律の中で最も長い歴史を持ち、最も基本的な概念が精緻《せいち》に用意されており、あらゆる法分野での応用の基礎となっている領域ですので、人が「法律家のように考える」ようになる際に、最初に身につける「外国語」であろうと思います。

†思考枠組みとしての民法

では、民法という言語を習得して法律家のように考える、とは、どのようなことでしょうか。

民法が対象とする現実を、仮に経済的な取引社会と考えます（ほぼ誤りのない想定です）。先入観のない目でその現実を眺めると、日々生じている事態はきわめて複雑です。ひとつの取引も、その端緒からさまざまな事実を積み重ねながらストーリーが進行していきます。それを法的に理解するといっても、容易なことではありません。

現実があまりに複雑であるとき、人間はその複雑さを縮減したシステムを作り出して対応しようとするというのがルーマンの社会学が教えるところです。経済学は、財と財が需要と供給のバランスの中で交換されるという市場モデルを作り出して、現実を理解しようとしました。なぜなら、経済学は、価格決定のメカニズムに関心を集中したからです。

これに対して、民法は、この複雑な取引社会の現実を権利と義務という概念によって表現しようとします。複雑な現実をすべて権利と義務の用語で表現しつくす、というのは驚くべき壮大な構想です。そのためには、現実の複雑さを縮減したモデルが必要となります。

†民法の社会モデル

経済学の最も単純な市場モデルには、二つの財だけが登場します。これに対して、民法が想定する最も単純なモデルは、三人の人と二つの物（財産）が登場します。

まずA、Bという「人」（法律関係の主体）がいて、それぞれ自分の財産α、βを所有しています。この財産は「物（モノ）」と呼ばれます。ABは互いに交渉してそれぞれの財産を交換するという取引をします。他方、CはAやBの身体やその財産αやβに対して侵害行為を行なう者です。このような権利の侵害者を常に想定するところが、民法の特色です。なぜなら、民法は、侵害に対する救済手段の体系だからです。

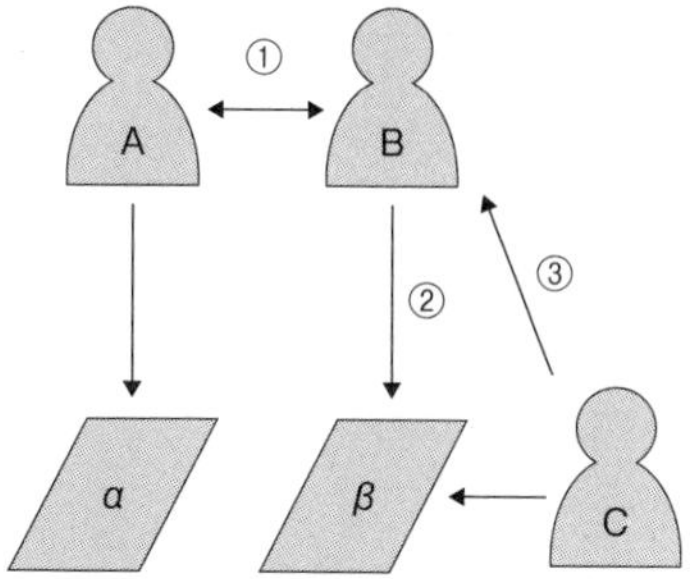

このような、三当事者からなるモデル的状況を考え、人びとが自由な経済活動への制度的な保障がない自然状態から脱して安全に私的な社会関係が取り結べるように、新たにルールを作るとすると、規律する必要がある関係は次の

三つです。

① AB間の取引関係
② A、Bとその所有する財産α、βとの関係
③ A、Bと侵害者Cとの関係

①はあとで扱うとして、②について見ると、これはAやBという「人」とαやβという「物」との関係です。日常用語では、「Aがαを所有している」と表現される関係です。民法はこの関係を、「人」が「物」に対して権利を有する関係と理解し、「物権」(物に対する権利)という抽象的な概念を作り出しました。

物権の代表は所有権です。人は土地や高級腕時計を「所有」するといいますが、所有するということは具体的にどのようなことができるのか、それを定めているのが民法です。たとえば、自分で使うだけではなく、人に貸したり、売却することもできます。このように、「人」が誰からも干渉されることなく、「物」を自由に使用・収益・処分できる権利として「所有権」が観念されるようになったのは近代になってからのことですから、このような思考枠組みは、決して自明のことではないのです。

③は、Cからの侵害に対して救済を求める関係ですが、国家権力が出てきてCを捕えた

りするのは、刑事法の役割です。民法はあくまでモデルの中の登場人物限りでの救済を用意します。

それには二つの方法があります。第一に、AがCにαを奪われた場合、もとどおりに返せと要求する権利が与えられます。民法は、これを所有権の効力として認めています。

第二に、Cがαを壊してしまった場合や、CがAに怪我をさせたという場合に、αに代わる金銭や、治療費の支払いを賠償として請求する権利が与えられます。たとえば、スピードの出し過ぎで歩道に乗り上げた自動車に重傷を負わされた歩行者には、負傷という損害が生じています。そこで、自動車の運転者に対してその損害を賠償するよう請求をすることが認められます。この被害者と自動車の運転者は、事前に何の関係もない「赤の他人」です。このような、取引関係にはない人と人との間で損害賠償の請求ができることを認めているのが民法の不法行為法です。

現在、東日本大震災に起因する東京電力福島第一原子力発電所の事故によって、避難を余儀なくされた被災者に対して、東京電力の賠償責任がどこまで及ぶかが大きな関心を集めています。これは、取引関係にない人と人との間のルールの問題（③）です。避難のために営んでいた事業を中止せざるをえなくなった畜産農家には、事業で得ていた収入が得られなくなったという損害が生じていますが、その損害がどこまで賠償の範囲に含まれるのか。風評被害はどうか。これらの判断は容易ではありませんが、基本ルールを定めているのは民法です。

†取引関係と契約

問題は、①の取引関係をどのように把握するかです。

現実の取引は、複雑な事実の絡み合いです。企業同士の合併を扱うM&Aは、買い取る企業の内容の調査から始まって、多くの専門家を巻き込んだ複雑なプロセスをたどります。消費者のスーパーでの買い物にしても、何を買うかの判断、どのスーパーを選ぶかの選択、事前に見た広告の内容、店の展示の仕方、店員の説明、割引きの有無、買った商品が期待どおりであったかどうか等々、さまざまな事実や判断の絡み合いの中にあります。

民法は、この取引を、いくつかの類型に分けて理解しようとします。売買や賃貸借といった類型です。区別の理由は、いずれであるかにより、当事者間に生ずる権利義務に違いがあるからです。たとえば、物を売った売主が買主に対して持つ権利と、物を賃貸した貸主が借主に対して持つ権利は異なります。民法は贈与、売買、賃貸借、消費貸借など一三

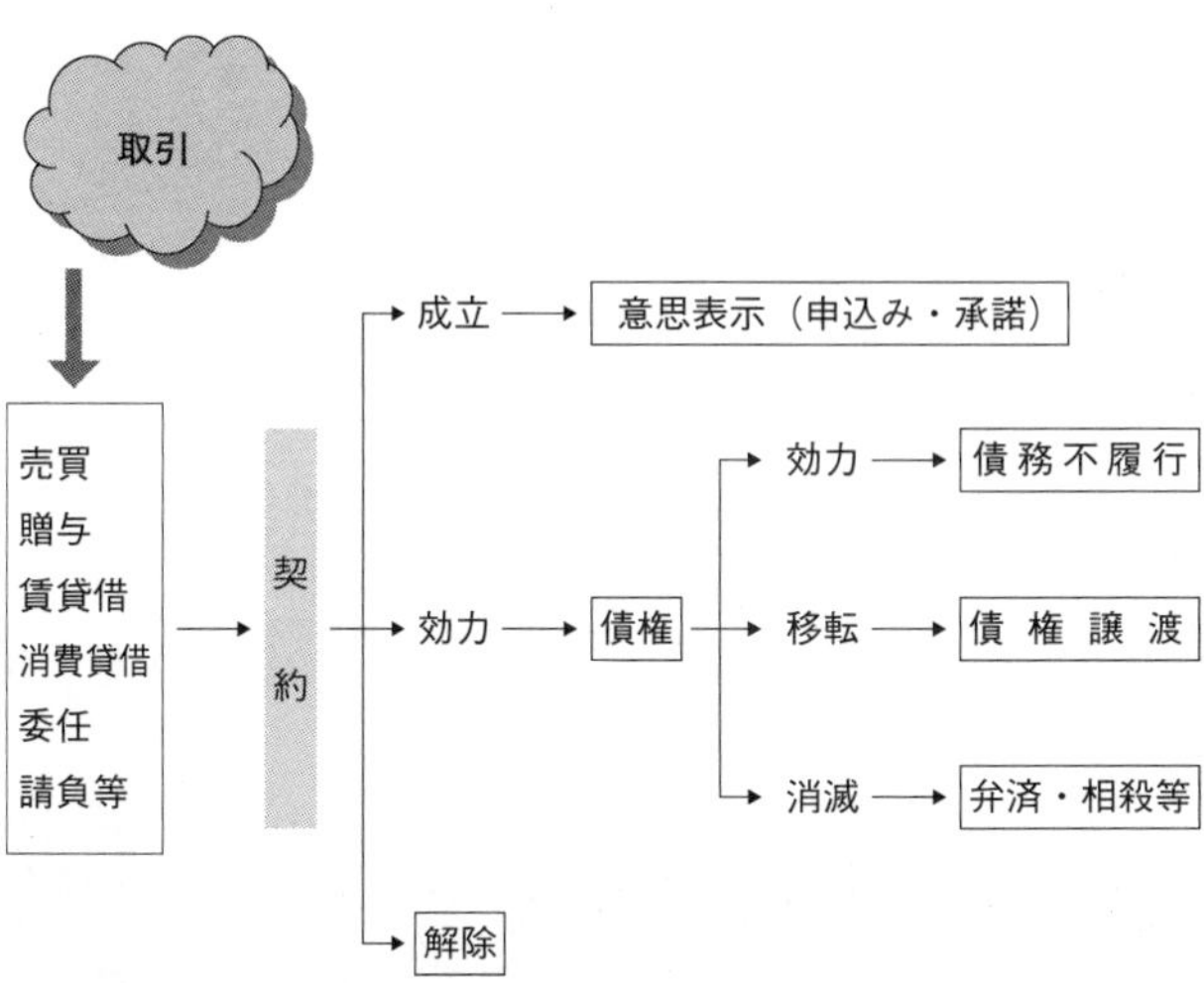

の類型を用意し、それぞれの類型ごとに、権利義務についてのルールを置いています。

そして、それらすべての類型に共通する核心的要素を抽出します。それが「契約」です。つまり、売買は売買「契約」であり、賃貸借は賃貸借「契約」なのです。みな契約という点で共通性を持っています。民法が用意した一三の契約の類型は、典型契約と呼ばれます。

そして、民法は契約を、合意ととらえます。もっとも、同じようなモデルで理解しても、契約のとらえ方は国によって微妙に違いがあります。単なる合意にプラスアルファの要件が加わってはじめて契約となると理解する法体系も多いのです。しかし、近代以降の法体系においては、契約の中核を合意と理解する点では共通しており、日本の民法は、ドイツ法の影響のもと、純粋な合意として契約をとらえたのです。

†契約の類型

契約を合意ととらえたうえで、民法は、さらに合意の成立過程を分析します。単純な契約のモデルは、AとBとの間の売買契約のように、二人の当事者を想定しています。二人の間で成立した契約とは、二人の間で成立した合意です。

もっとも、合意さえ成立すればすべて契約と呼んでよいか、というのは難しい問いです。さしあたりは、契約とは、民法が列挙している一三種類の類型のほか、それと同等のものと認められた一定の類型のことであって、そのような類型に属さない単なる合意（「AはBに一〇〇万円支払う」という内容だけの合意）は、伝統的には契約とは考えられてこなかったということだけを指摘しておきます。

なぜだか理由はわからないけれど、AがBに一〇〇万円支払う合意があると主張されたとき、裁判所はその履行の強制を認めるかというと、通常は、そのようなことは認めません。まずAB間でどのような契約が結ばれたのかが探られ、一三種類の典型契約にあたらなくても、社会的に確立した契約の類型を法的に認定して、たとえば、「これはファイナンス・リース契約である」とか「フランチャイズ契約である」といったあてはめをするのです。

民法に名前が挙がっていない契約の類型は、無名契約と呼ばれます。現代の経済活動においては、一〇〇年以上前に定められた一三種類の契約類型には収まりきらないさまざまな新しい契約が出現しています。

これらの無名契約においては、生じるさまざまな問題に対処するためのルールは、契約書の記載や取引慣行、民法の一般条項、*既存の典型契約の規定の類推などから導くことになります。裁判でこのような判断が積み重ねられ、一定の無名契約の類型が十分安定したものとなれば、それを民法の典型契約に追加していくことが、法的判断の安定化と効率化につながる、といえるでしょう。改正の課題のひとつです。

＊一般条項とは、抽象度の高い法原則を定めた規定で、民法一条二項の「権利の行使及び義務の履行は、信義に従い誠実に行わなければならない」（信義則と呼ばれます）や、同三項「権利の濫用は、これを許さない」がその代表例です。

†契約の成立と意思表示

では、契約はどのようにして成立するのでしょうか。民法はここで、意思表示という概念を持ち出します。ドイツ法から輸入した概念です。契約とは二つの意思表示の合致である、と考えます。

Aのαを売ろうという意思表示とBのそれを買おうという意思表示が合致することで合意が成立し、契約が成立するのです。Bがいくらαを欲しくても、その意思が心の内面にとどまっている限り、法的な意味を与えることはできません。しかし、それがAに対して表示されると、契約成立の要素となるのです。そして、契約は、一方の意思表示に対して、その内容に同意する他方の意思表示があわさった時、成立します。契約内容を示して相手の同意を求める最初の意思表示を申込み、それに対してOKの返事をする意思表示を承諾といいます。

契約の成立を意思表示の合致で説明する思考枠組みは、契約の拘束力の根拠を、人の意思に求める哲学から生じました。そのような哲学はヨーロッパでは一七世紀頃から見られますが、精緻な法理論の体系として提示されたのは一九世紀のドイツにおいてです。思想的には近代自由主義のひとつの表現ですから、自由主義的な民法のひとつのあり方ではありますが、比較法的には、唯一の選択肢というわけではありません。しかし、第4章で述べますように、日本が民法典を制定しようとしていたとき、世界で最も進んだ法学はドイツ法学であると考え、それを輸入したのです。

このような思考枠組みのもとでは、契約の成立過程で詐欺や強迫といった不正が介在したとき、被害者となった当事者は自らの「意思表示」を取り消すことができる、という規律が用意されます。意思表示の取消しにより、契約の成立要件である二つの意思表示のうちの一方が初めから無効であったことになるので、結局契約も効力を失う、という理屈です。

比較法的には、端的に、詐欺や強迫があったときは「契約」を取り消すことができる、という規律を持つ国が多く、第3章で紹介する国際的なモデル法もそのような規律を採用しています。結果が違うわけではありませんが、思考枠組みの違いによって法律の規律の仕方も違ってくるわけです。近代的民法を導入してから一〇〇年を経た改正にあたって、一応踏まえておくべき背景事情といえるでしょう。

†契約と債権

取引関係を権利と義務で表現するため、民法は、契約が成立すると両当事者の間に、相手に一定の行為を求めることができる権利が発生する、と考えました。これこそが契約の効力です。その権利を債権といい、その裏返しに相手方が負う義務を債務といいます。

ところで、一九世紀ドイツ法学は、高度な抽象化を得意としていました。すなわち、契約から債権が発生するけれど、その債権という概念を抽象化することによって、契約以外の原因からも債権が発生することを見出したのです。代表は、不法行為です。CがAの財産であるαを壊すことにより、AはCに対して損害賠償を払えという債権を取得します。このほか、契約が無効となったときには、すでに引き渡してある物を返せ、という債権が生じます（不当利得と呼びます）。こうして、債権の発生原因が列挙され、それらの原因から発生する抽象的な債権について、抽象度の高い規律を観念することが可能となります。

そこで、民法上の権利を物権と債権に分けたうえで、債権についての規律を置き、その下に、債権発生原因の各々に固有の規律を置く、という体系が採用されます。

物　権（所有権）（②の関係）

債　権
- 契　約（①の関係）
  - 贈与・売買・交換・消費貸借・使用貸借
  - 賃貸借・雇用・請負・委任・寄託
  - 組合・終身定期金・和解
- 不当利得
- 不法行為（③の関係）

民法典はまさにこのような体系に従って、編成されています。

†パンデクテン方式

このように、各種の典型契約に共通の契約一般についての規律をくくりだして頭に置き、さらに契約と並ぶ債権発生原因の各種を並べて、それらに共通の債権一般についての規律を頭に置き、さらに、債権と物権の双方に共通の規律をまとめて冒頭に総則として置く、というのが民法の編成です。このように下位のカテゴリーに共通する抽象的概念についての一般的規律をくくりだして頭に置く、という方式は、ドイツ民法の方式で、パンデクテン方式と呼ばれます。

パンデクテンとは、ローマ法大全（ユスティニアヌス法典）の中の学説集のドイツ語名です。一九世紀のドイツ法学は、これに依拠しながら近代的な精緻な法体系を作りあげました。そのため、この体系的理論をパンデクテン法学といい、その理論体系に基づいて作られた民法典の構成をパンデクテン方式と呼ぶのです。

このような編成を採用すると、一般的規定が頭に来て特殊な規定があとに来るという具合に民法が体系的に整理されます。他方、一般的ということは抽象的ということでもあるので、素人が民法をはじめから読んでいっても抽象的すぎてさっぱりわからないということになります。また、現実の法律関係と規定の配列がうまく対応していない、という欠点もあります。たとえば、売買に関する規律を知りたいとき、民法の売買の節だけ見ていたのではだめで、すぐ前にある契約総則の規定を調べると、契約一般についての関連する規定がある。さらに手前の債権総則には債権に関する関係規定がある。そして民法総則を見ると、意思表示についての関係規定がある、という具合です。

†民法の編纂方式

このような方式は、ドイツの影響を受けた立法に見られますが、国際的には少数派です。

多くの国の民法典は、ローマ法大全の中の法学提要（教科書でありながら法としての拘束力を持ちます）と呼ばれる部分の構成に準拠して、人の編・物（所有権）の編・行為（契約等）の編に大きく分ける編纂方式を基本としています（その中にもさまざまなバリエーションがあります）。民法典の編成の仕方というのは、あまり実務に関係のなさそうな話ではありますが、一般国民の民法へのアクセスの容易さ、困難さに直結する問題ですので、改正にあたっては、関心を持つべき論点といえるでしょう。

実際、債権の効力といっても、多くの場合は契約から発生した債権の効力が問題となりますし、教育的な観点からは、契約から発生した債権を想定して考えたほうがわかりやすいのも事実です。そこで、とりあえず契約から生ずる債権を想定して規律を整備し、それを不法行為など他の発生原因から生じた債権にも、必要な修正を施して適用する（これを「準用」といいます）というやり方もあります。

債権一般の規律という枠組みで考えることは、体系性という点では優れていますが、規律の抽象度が高まりますので、わかりやすさという点では契約に焦点を置いた場合のほうが優れています。結局、理論性・体系性とわかりやすさのいずれを重視するかの立法政策の問題です。現在の民法は、理論性・体系性を重視していますが、今回の改正に向けて学者グループから出されている立法提案には、契約に即した規律に改めるべきだという提案をしているものもあります。

†債権の規律

パンデクテン方式のもとでは、契約の効力についての一般的な規律は、債権の効力として債権総則に規定されることになります。そこで、債権総則の内容を見ると、民法は五つの場面に分けて規定を置いています。

第一に、債権の対象の違いに応じたやや一般的な規律。金銭の支払いが対象となるときにどのような通貨で弁済すればよいかというルール、などです。

第二に、債務者が債務を履行しなかった場合(これを債務不履行といいます)に、債権者が請求できる損害賠償などの救済についての規律。契約でいえば、建物を引き渡す債務を負った売主がその履行をしなければ、買主は、国家権力を使って強制的に建物の引渡しを実現することを求めることができますし、引渡しが遅れた間に生じた損害について損害賠償の請求をすることもできます。

第三に、債権者または債務者が複数である場合についての規律。たとえば、同じ債務を履行するために債務者が複数いる場合として、保証があります。AがBに一〇〇万円を貸し、Cが保証人になると、CはBが借りている金銭を代わって返済する債務を負うのです。Aからすると、一〇〇万円の債権について債務者が二人いることになります。しかし、親《しん》戚《せき》や知人が合理的なリスク計算をせずに頼まれて保証人になり、払いきれないような金額の弁済を迫られるという被害が多発しており、保証人の保護をどこまで図るかは、今回の契約法改正の重要な論点の一つになっています。

第四に、債権が譲渡される場合についての規律。AがBに対して一〇〇万円の債権を持っているとき、弁済期は三カ月先でも、この債権をAが八〇万円でCに譲渡すれば、Aはすぐに資金を得ることができます。Bからすると、返済の相手方となる債権者の交代です。

この債権譲渡は、近年、次のような使い方がなされます。Aが将来有望なベンチャー企業で、事業の発展のために資金を求めていますが、不動産を持たないためになかなかお金を貸してもらえません。そのようなときに、Aが今後の事業で取引先に対して取得する売掛金などの債権を、将来五年分まとめて投資家に譲渡して、資金を調達するのです。Aが医師で、医院開業の資金を調達するために、将来八年間の診療報酬債権を譲渡する、という例もあります。

このような資金調達の目的での債権譲渡は、近年、証券化やABL（Asset Based Lending）の手法として注目されるようになっています。ABLは動産債権担保融資とも呼ばれ、不動産を持たない中小企業が在庫品や売掛債権を担保に資金調達する手法として、今後活用がますます多くなると期待されています。たとえば、肉牛や養殖魚なども、それを売却した際の売掛債権とセットで担保価値を評価してもらうことができます。将来の事業収益を担保に資金を調達するということですので、不動産などの資産がなくても、事業の収益力について評価が高ければ大きな資金を調達できる点で、将来性のある中小企業などには有利です。

しかし、基本的に一八〇四年のフランス民法の制度をそのまま導入した日本民法の債権譲渡制度では、このような現代的な手法に十分対応できていないのではないか、という問題も指摘されており、改正の重要な論点の一つとなっています。

第五に、債権の消滅に関する規律。弁済による消滅、相殺による消滅などです。

†契約の解除

以上、契約に関する規律として、契約の成立に関する規律、契約の効力との関連で、契約から生ずる債権についての規律を見てきました。このほかに、契約については、契約が中途で解消される制度である解除についての規律が置かれています。

†市場の法的プラットフォーム

以上に概観しただけでも、現実の複雑な取引を法的に規律するため、契約を中核とした概念装置を体系的に用意して、安全で安定した取引を可能にするための制度的インフラを民法が提供していることがわかるでしょう。以上に挙げたような基本的概念や用語なしに取引を行なうことなど考えられないのです。

現実の市場は、さまざまな法制度によって支えられています。市場のプレーヤーである企業の組織については、会社法などが法的インフラを提供しています。いくつかの業種においては、その業種特有の特別法（いわゆる業法と呼ばれる法律）が細かな規律をしていることもあります。また、市場メカニズムや取引の公正さを維持するための法律としては、独占禁止法、不正競争防止法があります。これら多くの法的インフラによって市場は支えられているわけですが、市場で行なわれる取引の法的メカニズムそのものを提供しているのが民法の契約法です。その意味では、契約法は、市場のさまざまな法的インフラを載せている、一番ベースにある法的プラットフォームだということができるでしょう。

経済学の市場モデルの中では、市場の取引は需要と供給の接点として、瞬間としてしか把握されませんが、法の世界では、個別の取引の中の人間同士の関係を、権利と義務の用語で叙述し、きめ細かな規律が精緻に、かつ体系的に用意されているわけです。ここで体系的とは、一切の矛盾のないように規範が構造的に配置されているということです。「同じものは同じに扱え」という原理に反することは、法の世界で最も嫌われる不正義だからです。

この法的プラットフォームの基礎ができたのは、古代ローマ法であり、それ以来二〇〇〇年以上の歴史の中で、徐々にルールが整備され、自由主義社会の中で、ヨーロッパ大陸法と英米法というふたつの大きなグループが形成されました。もっとも、ヨーロッパ大陸の中でも国によって相当の違いがありますし、英米法といっても、イギリスとアメリカでもやはりさまざまな違いがあります。しかし、いずれも基本は自由な取引を尊重するという思想であり、「契約自由の原則」が採用され、法が特に禁じていない限り、自由な合意に基づいて契約関係を形成できるという点は、現代の契約法において、国際的に確立した法原則といってよいでしょう。

ところで、契約法の内容が異なると、取引のためになすべき行為にも違いが生じます。このことは、市場が拡大するにつれ、取引の障害として意識されるようになります。これが、次章のテーマです。

第3章

市場と民法

†市場と契約法

前章では、民法が定めている契約ルールが、市場の法的プラットフォームをなしていることを述べました。これは言い換えれば、市場ごとにひとつの契約法が存在しているということです。かつて一国内でも地方ごとに市場が分かれていた時代には、地域の市場ごとに取引に関する独自の慣習法が存在していました。しかし、一国の市場が統合されると、そこにひとつの契約法が要請されることになります。ひとつの市場の中で適用される契約法が地域によって異なったのでは円滑な取引の障害になるからです。

やがて市場が一国の国境を越えて拡大するようになると、契約法も国の国境を越えて共通化することが要請されるようになります。国ごとにばらばらの契約法が存在しているのは、市場取引の障害になるからです。

本章では、市場の成立または拡大とともに、各国の契約法がどのように誕生し、変化していったのかを見ることを通して、今日の世界の契約法の新たな動向をもたらしている要因を探ります。

†フランスの場合

世界の民法典の歴史は、実際上、フランスのコード・シヴィル（Code Civil 一八〇四年）とともに始まるといってよいでしょう。ナポレオン法典とも呼ばれるこの法典は、フランス人にとって、フランスの国民精神の象徴であり、憲法以上の存在でした。実際、フランスにおいては、憲法はフランス革命の際に制定された一七九一年憲法以来、一五回に渡って変更され、東京大学の北村一郎教授の言葉を借りれば、それは、「法律家にとっての《根本規範》と言うには程遠く、長きに亘って革命またはクゥデタによって樹立された権力が自己を定義する政治的文書にとどまってきた」といわれます。これに対してフランス民法典は、市民社会の根本規範として君臨してきました。

この民法典ができる前の、いわゆるアンシャン・レジーム（旧体制）期のフランスは、慣習法が支配する北部地域と、ローマ法の影響を受けた南部の成文法地域とに大きく分裂していました。しかも、北部慣習法地域では、村や町ごとに異なる慣習法へと分裂していたのです。この中でパリ慣習法は有名です。一八世紀フランスの哲学者ヴォルテールは、「馬を替えるたびに法が変わる」と言っています。馬車で旅をすると、馬を替えるごとに適用される法が変わったというのです。このような法の分裂が、封建制から近代へと移り行く時代にあって、不都合なのは明らかです。

そんな中にあって、ローマ法は、一一世紀末にイルネリウスという学者がイタリアのボローニャ大学でローマ法研究を学問的に再興して以来盛んに研究されて、精緻な概念と論理の体系を作り上げていましたので、当時の分裂状態を解消するにはローマ法を使うのが便利であることは明らかでした。しかし、フランスの王権は神聖ローマ帝国との対抗上、ローマ法を公然と国内法としたくはありません。そこで、王令によって法源の適用に順序をつけ、まず第一に王令、第二に慣習法、そして該当する法源がない場合にはローマ法を補充的に適用すべし、として、慣習法の公式編纂を命じます。

他方、学問的には、数世紀にわたり、ローマ法をベースとしつつ法の体系化が図られました。フランス民法典は、これらの成果の上に成立したもので、とりわけ一八世紀の学者ポティエの影響は圧倒的であったといわれます。極端な例としては、契約の解釈原則の規定など、ポティエの概論書の一頁をまるごと引き写しにしていると、北村教授は指摘しています。

フランス民法典は何よりフランス革命の産物であり、とりわけ、実際の法典の審議の際、会議の半数程度にはナポレオンが議長として参加して、学者的なわかりにくい規定を明晰《めいせき》な条文に書き直させながら審議を進めました。このため、コード・シヴィルはフランス人にとって文化遺産ともいえる象徴的な文書となったのです。

しかし、市場という観点から見るなら、市場取引が活発になり国内市場がひとつに統合されていく中で、フランス民法典は、国内の法の分裂状態を解消し、国民国家の国境線で画された統一市場の中の契約ルールを統一するという政治的役割を果たしたのでした。

†ドイツの場合

国内の統一市場が法の統一を要請し、民法典がそれにこたえるという状況は、ドイツの場合も同じでした。

ドイツは永らくプロイセンやザクセンなどいくつもの領邦や都市に分裂するという状態が続きますが、ようやく宰相ビスマルクのもとで、一八七一年に国家の統一をなし遂げます。しかし、その時点でのドイツ国内には、領邦ごとに異なる法があったわけで、とりわけ西部の地域では、フランス民法典の影響が強く、当時のドイツ国民の一四パーセントがフランス法の適用下にあったといわれます。したがって、民法典の編纂は、統一ドイツの真の政治的統一を実現するという意味もあったわけで、領邦が並立する時代を脱して、国民国家としての国民統合の手段がドイツ民法典の編纂だったわけです。

ドイツ民法典が施行された一九〇〇年に、施行を祝って出されたドイツ法曹新聞の記事には、「ひとつの民族、ひとつの帝国、ひとつの法」という誇らしげな表現が見られます。民法典は、しばしば、単にひとつの法律というより、ある国にとって大きな政治的文化的意味を持つような存在ですが、ドイツの場合も、まさにそうでした。

他方、市場との関係でこれを見ると、次のような事実が見えてきます。一九世紀には、言語的文化的な一体性を持つドイツ圏ですでに市場の形成が進んでいました。ところが、政治的に多くの領邦に分かれ、それぞれが取引法を持っていましたので、ドイツ圏での取引の多くが国際取引になってしまい、国際私法という法律によって、どの国の法律を適用するか(準拠法と呼ばれます)を選択しなければならず、たいへん不便でした。そこで、ドイツ圏を構成する国々では、ドイツという統一国家が形成される前である一八六一年に、商取引に適用される統一法を作り上げました。これが「一般商法典」と呼ばれるもので、国家統一前に法の統一が実現されたのです。

ドイツ国家の統一後に編纂された民法典は、先行している一般商法典の中の契約に関する一般的な規定を引き抜く形で作成されました。ここに見られるのは、市場が統一されると、国家の統一より先に取引に適用される法の統一が求められる、という現象です。

†アメリカの場合

アメリカには、ヨーロッパ大陸で言われるような民法典は存在しません。民法典を作るというのは、優れてヨーロッパ大陸の文化なのです。しかし、民法典はなくても、民法に相当する領域の法はもちろんアメリカにも存在します。とりわけ、契約法に関しては、「統一商事法典」（原語の Uniform Commercial Code のイニシャルをとってUCCと呼ばれます）が存在します。

もともとアメリカは、イギリスの植民地であった時代のイギリス法をそのまま引き継いでいますので、契約に関するルールは、イギリスと同様、成文法ではなく判決の積み重ねである判例法の形で存在しています（コモンローと呼ばれます）。しかし、連邦制をとっていて、契約法の管轄権は州にあるため、各州の裁判所によって各州ごとにルールが形成されました。一国の中にいくつもの契約法が存在するわけで、たとえ根っこは同じだから互いに似通っているとはいえ（ただしルイジアナ州だけは、フランスの植民地だったので、フランス風の伝統を持っています)、アメリカ全土に市場が拡大する中で、それが不便であるのは明らかです。

そこで、各州の契約法の内容を共通化するために、統一モデル法を作り、各州がそれに準拠した契約法を成文法として作るという方式が採用されました。同じような方式は、契約法のほか、州に管轄がある取引関連の法律について広く採用されています。商取引に関する法律についての統一モデル法がUCCです。売買契約のほかリース、有価証券、銀行取引、担保などに関する規定を含んでいます。

一九五二年にUCCの最初の版が現れたとき、それは、単に五〇の州のためのモデル法というにとどまらず、イギリス法からアメリカ法が完全に自立したことを内外に宣言するものとなりました。同時に、それは新たな法のブランドの誕生でした。フランス民法もドイツ民法も、民法を作ろうとする世界の多くの国々に大きな影響を与え、いずれも、まさに民法の老舗《しにせ》ブランドといってよいのですが、アメリカのUCCも、その質の高さとオリジナリティーによって、新たなブランドの確立といってよい評価を獲得したのです。

中心的な起草者であったカール・ルウェリン(Karl Llewellyn)は、若い頃、イエール・カレッジに入学する前に二年間ドイツで勉強しています。折から第一次世界大戦が勃発するとと彼はドイツ軍に志願し、負傷して鉄十字勲章を受けたというエピソードを持っています。その後、コロンビア・ロースクールの教授時代にはライプツィヒ大学で客員教授をつとめるなどドイツ法学への造詣が深く、ドイツの自由法運動の影響を受けてアメリカのリアリズム法学の論客として名を上げました。

自由法運動とは、フランスやドイツで、一九世紀から二〇世紀への変わり目の時期に盛り上がりを見せた法思想のひとつで、法律の条文から論理的演繹によって裁判の結論が導かれるという観念が幻想であると批判し、結論を導いている本当の根拠は、法的論理以外のところにある、と主張します。ルウェリンは、このような思想のアメリカにおける中心人物の一人となりました。UCCも、ルウェリン的リアリズム法学の香気を漂わせているといわれます。

たとえば、UCCは信義誠実の原則（英語ではグッド・フェイス good faith）を重視しますが、英米法ではもともとグッド・フェイスは単に正直であること（法的には、ある事実を知らないこと）という意味で用いられることも多いのです。しかし、ルウェリンは、「公正な取引についての商業上の合理的な基準を遵守すること」（"the observance of reasonable commercial standards of fair dealing in the trade"）という意味で定義しています。これなどは、ドイツ的な信義則（Treu und Glauben）に通ずるものがあるといえそうです。

このような信義則の適用においては、裁判官は、当然に、取引の慣習やしきたりに気を配るようになります。これは、リアリズム法学を経験したアメリカ法学に見られる柔軟さの現れともいえ、イギリス流の固いコモンローの論理とは異質なものがあります。

このようなUCCの特色は、アメリカの経済力が強まるとともに法文化の世界でブランド力を獲得し、あとでご紹介する国連のウィーン売買条約をはじめ、世界に影響を及ぼしています。

†ロシア民法

一九九一年一二月、世界で最初に誕生した社会主義国家がついに崩壊したときの衝撃の大きさは、そこに歴史の終わりを見ようとする人がいたことからもうかがえます。そして、ソビエト連邦の主要部分を承継する形で、一九九二年にロシア連邦が成立し、国連安全保障理事会の常任理事国の地位も承継しました。

そのロシアでは、早速一九九三年に大統領令に基づいて新民法典の編纂が始まりました。この編纂には、とりわけアメリカ、ドイツ、オランダの法律家が協力しましたが、ヨーロッパ大陸における最新の民法典を持つオランダの影響力が特に大きかったといわれています。

こうして急ぎ編纂された新民法典は、その第一部（総則、所有権、債務法総則*）が一九九五年から、第二部（債務法各論）が一九九六年から、第三部（相続法、国際私法）が二〇〇二年から、第四部（知的財産権）が二〇〇八年から施行されています。最終的にできあがった民法典は、二〇世紀につくられたヨーロッパの新しい民法典の例に倣《なら》って商法を中に取り込んでいるほか、知的財産権についての包括的な規定を持つ最初の民法典となりました。重要なことは、自由主義的市場経済を選択する国家が形成された直後に、まず契約法の領域（第一部と第二部）の編纂が始まったことです。市場経済を支える法的プラットフォームが、契約法であることを如実に示していると言えるでしょう。

ちなみに、そのロシアでは、「新しいロシアの経済的・民主的発展の黎明期《れいめいき》に制定された」民法典をさらに改正しようという作業がいま進行しています。そして、そこでは、これまでの裁判実務の反映、実務の要請の取入れと並んで、EU法に接近させることが目的として掲げられているといいます。後に述べますEUでのグローバル・スタンダードの形成は、すでに力を発揮しはじめていると言えましょう。

＊日本で債権法と呼ぶ領域は、外国では一般に債務法と呼ばれます。

†中国契約法

ソビエト連邦の崩壊の後、一九九二年に保守派との闘争の中で鄧小平が提唱した社会主義市場経済は、翌一九九三年の憲法改正によって正式に中国の経済政策となりました。そして、その後まもなく、市場経済に適応できる契約法の編纂が始まりました。

当時の中国契約法は、三法鼎立《ていりつ》と呼ばれ、経済契約法（一九八一年）、渉外経済契約法（一九八五年）、技術契約法（一九八七年）という三つの契約法が併存していました。一九七八年に改革開放路線を採用した後の中国では、経済体制の改革が始まったばかりで社会の変動も大きかったため、短期間に民法典を制定することが断念され、領域ごとの単行法の制定を先行させることとしたのですが、契約法に関しては、三つの法律が制定されていたのです。

契約の類型に応じてルールが異なるのは、まさに市場が国家の政策によって運営されていることを物語ります。他方で、単行法ばかりでは民事立法上の基本原則や基本的制度が個別単行法ごとに整合性のない形で規定されかねないので、基本原則・基本制度をコンパクトに定めた民法通則（一九八六年）が制定されました。

ただ、契約法についてみると、中国企業の締結する経済契約と呼ばれる契約は、国内契約か外国企業・個人との契約かで適用法律が異なり、さらに自然人（個人）が締結する契約は民事契約と呼ばれて民法通則が適用されるという具合で、適用される規範の間の重複や抵触が問題となっていました。社会主義市場経済を支えるために、世界の進んだ契約法の成果を取り入れて一九九九年に制定された新たな契約法は、これを一気に解決するもので、画期的とされています。

このように、社会主義を維持する場合も、市場経済を導入するためには、契約自由の原則を基軸とする契約法が必要とされるのです。

†ベトナム・カンボジア

同様なことは、ベトナムやカンボジアについてもいえます。ベトナムでも一九八六年から始まるドイモイ（刷新）政策以来、市場経済の導入が図られていますが、二〇〇五年に日本の法整備支援も受けて改正民法が成立しました。同様に、カンボジアでも、日本の法整備支援を受けて二〇〇七年に民法が制定されました。準備期間を置いて実際の適用開始は二〇一一年一二月です。こちらのほうは、日本の民法学者チームが起草したものなので、まさに日本民法を継受したといえますが、母法国日本の古色蒼然《こしょくそうぜん》とした民法典と違って、日本での法発展を踏まえた現代的な編成と内容の民法になっています。

このように、旧社会主義国が市場経済を導入するときはもちろん、社会主義体制を維持したままでも、市場経済を導入するためには、まず契約法が制定されます。自由主義的な契約法は、市場を支えるさまざまな法的インフラを載せる法的プラットフォームとして、市場に不可欠な法だということができます。

このことは、第2章で述べたように、民法、特に契約法が想定している取引社会が、経済学が市場モデルで説明しようとした対象とほぼ重なっていることを考えれば納得できるでしょう。「契約自由の原則」が採用され、人びとが、取引の相手に誰を選択するか、何を取引するか、どのような条件で取引するかを、原則として自由に決めることができるということが制度的に保障されてはじめて、市場メカニズムが機能するのです。その意味で、契約法が市場の成立を可能にする、と言ってよいでしょう。もっとも、契約法と市場の関係は、もう少し複雑です。市場の発展が、今度は、契約法のあり方に影響するという側面もあるからです。

†EUの契約法統一作業

フランス民法典が国民国家の国境で画されたひとつの市場に法の統一をもたらすものであり、ドイツ民法典がドイツ国家の成立によって国民国家の国境と一致することになった市場に統一法をもたらすものであったように、ヨーロッパは、いま、市場の拡大に伴う契約法のあり方という新たな問題に直面しています。EUという巨大市場の登場は、国民国家の国境を越えた新たな市場の枠組みを創設しました。そうすると、そこで行なわれる取引に適用される契約法の統一が、当然要請されることになります。

まず、EU各国の著名な契約法学者が集まって、一九八二年から共通の契約法を起草するという作業を始めました。オル・ランドーというデンマークの学者が中心となっていましたので、この委員会をランドー委員会と呼んでいます。ランドー委員会が起草したモデル契約法はヨーロッパ契約法原則（PECL・ペクル）と呼ばれます。三部構成になっており、第一・二部は一九九九年、第三部は二〇〇三年に公刊されました。

PECLは、その質の高さから大きな成功を収めました。ヨーロッパで契約法を統一する可能性を、単なる政治的スローガンとしてではなく実際の条文の形で人びとに実感させたからです。こうして、ヨーロッパにおける契約法の統一が、現実的な目標として議論の対象となります。

ところで、ドイツでは、すでに一九七八年に契約法改正（ドイツでは債務法改正と呼ばれます）に向けた検討が始まっていましたが、債務法改正委員会の報告書が公表された一九九二年以降、動きが完全に止まっていました。ところが、二〇〇〇年八月に連邦司法省が草案（討議草案と呼ばれます）を公表して動きだし、急ピッチで審議されて二〇〇一年に改正を実現しました。

このように急遽《きゆうきよ》改正が実現したのは、EUでの契約法統一の流れの中で、自国法の影響力を行使しリーダーシップをとるためとも言われています。実際、司法省の草案は、ドイツ法学の伝統と相容れない要素を含んでいたために学界から強い反対があった中で、当時の司法大臣ヘルタ・ドイブラー＝グメリン女史の強力な政治的リーダーシップにより改正が実現されました。

ドイツでの改正を受けて、フランスでも、急遽、契約法改正に向けた動きが生じ、カタラ教授を委員長とするグループの作成したカタラ草案（一番規模の大きなもの）、テレ教授を長とするグループの作成したテレ草案、そして、司法省内部で学者の協力を得ながら作成した司法省草案（これにも二つのバージョンがあります）が並立し、議論が続いています。

他方で、EUのほうでは、欧州委員会が二〇〇三年にアクション・プランを発表し、PECLを中核としながらより包括的なモデル契約法の起草を大規模な法律家グループに委託しました。二〇〇五年から二〇〇九年にかけて行なわれたその共同研究の成果が、共通参照枠草案（DCFR）と呼ばれるもので、二〇〇九年に詳細な理由書を付して公刊されました。続いて、欧州委員会は、二〇一〇年に別の専門家グループ（Expert Group）を組織して、DCFRの中から実現可能性の高い部分を抽出し（売買とそれに付随するサービスを主要な対象としています）、内容に改訂を加えることを委託しました。その成果は二〇一一年に一八九カ条の条文の形で公表され、これについての意見照会が実施されました。

ヨーロッパには、契約法を含む各国の民法は文化そのものであって、それを統一するなど、文化の多様性の否定でありとんでもない、という批判もあります。フランスにはそのような意見が多いようです。他方で、ヨーロッパには、コモン・コア・プロジェクトと呼ばれる共同研究のプロジェクトがあり、元来は価値中立的な学問的プロジェクトですが、近年は、ローマ法までさかのぼるとヨーロッパの法には共通の中核部分（コア）があるとし、それを発見することで法統一を目指そうとする人びともいます。

しかし、法領域によっては、法統一を可能にするようなコモン・コアがあるのかどうか怪しいところもありますし、民法に限っても、不動産法や家族法まで含まれますので、文化的共通性があるといわれるヨーロッパにおいてすら、簡単に統一できるとは思えません。しかし、契約法に関しては、これまでの歴史を見ても、市場が拡大すれば、そこにひとつの契約法が要請されるというのが必然的な流れでした。前記の専門家グループの報告書は、各国の契約法が区々であることがEU域内のビジネスや消費者にとって、いかに負担となっているかを具体的に論じています。さまざまな抵抗を受けつつも、契約法統一への流れは、とどまることはないのではないかと思います。

†契約法統一の背景

ところで、このヨーロッパの法統一への動きについて、それは市場を統一したヨーロッパに固有の動きであって、日本に関係はないと言う人がいます。この認識は誤っていると思いますが、その理由として、二点を挙げることができます。

第一に、市場は今後、拡大し続けるということです。現在は、地域的な市場統合が模索されています。関係の深い近隣諸国の間で市場を共通化していく、という動きは、EU、

NAFTAに加え、今後、東アジアでも生じてくるでしょうし、環太平洋戦略的経済連携協定（TPP）も現実の目標として議論されています。これらの地域的な市場の統合ないし参入障壁の除去は、第二次世界大戦前のブロック経済とは異なります。ブロック経済は閉じることに主眼がありましたが、市場統合は、拡大への指向を持つ動きです。それゆえに、たとえば韓国がEUやアメリカと自由貿易協定（FTA）を締結するということも可能になるのです。

しかも、統合される地域的市場が掲げる原則は共通しており、市場としての形はますます共通化しています。その意味で、世界の市場は、統合まで行かなくとも、少なくとも形が共通化していくことは必然でしょう。そうなると、その法的プラットフォームをなしている契約法についても、次第に、共通化していく流れはとどまることはないと考えられます。

第二の理由は、そもそも契約法は、歴史的に、世界の地域ごとにばらばらに存在しているというものではない、という事実です。一言でいえば、契約法（さらには民法）は、これまですべてヨーロッパで作られ、ヨーロッパの特定のブランドの契約法（民法）が世界に輸出されてきました。つまり、ヨーロッパの統一契約法とは、言い換えれば、グローバル・スタンダードの形成を意味する、ということです。この点をもう少し敷衍《ふえん》してみましょう。

†法の輸出

世界銀行で『Doing Business』という年報を毎年出しているのですが、その二〇〇四年版で、世界の法制度をランキングするという大胆な記事が掲載されました。世界の法制度を、経済活動にどれだけ有益であるかという観点から順位づけしようというものです。法律家は、普通、こんな発想を持たないので、これは経済学者、特に英語圏の経済学者の発想ですけれども、世界の法制度をいろいろな項目ごとに数値化して、ランキングしたわけです。

日本はそんなに悪くはなく、十何位というところにいたのですが、フランスは四四位にランク付けされました。四四位というのは、上にトンガ、ボツワナ、ジャマイカといった国があるという順位です。これはフランス人の自尊心を大いに傷つけました。フランス人は、フランス法が世界で一番だと思っていますので、この記事に対しては感情的な反発も生じましたが、同時に、世界銀行でこれを作った人たちを招いて、国際シンポジウムを何度も開いて、フランス法あるいは大陸法のメリットを評価する基準はどういうものかということを学問的に議論したのです。これはたいへん賢明な対応であったと思います。もっとも、二〇〇九年版でなお三一位ですので、その議論の効果がどこまであったかはわかりません。

ところで、フランスでは、このような反論の展開と同時に、だめな制度だと指摘され、国内でも確かにそうだと考えたものについては、即座に改正をしました。たとえば、担保法は、すでにフランスでも一八〇四年の民法典ではとうてい現代の金融取引に対応できないと考えられており、二〇〇六年に民法典に新たな編を付け加えるという形で、担保法の全面改正が行なわれました。また、フランス人自身「混沌」と評していた民法典の時効規定は、二〇〇八年に全面改正されました。それまで消滅時効と取得時効を一緒に規定していましたが（日本民法もこの発想を継受しています）、もともと両者は沿革的にも機能的にも全く異なる制度ですので、改正により完全に別の章に分けて規定されています。

ところで、時効法の全面改正をしたときに、フランスの民法学者かつ著名な比較法学者である教授が書いた英語の論文の中で使われている言葉に"legal export"（法輸出）という表現があります。

「[世銀レポートに対する]フランスの反応の激しさを理解するには、フランスが法輸出の強い伝統を持っていることを思い起こす必要がある。それは［フランスの］法律家の意識の中に深く埋め込まれている。そのことは、世界中の多数の国々をレポートするDoing Businessの最初の出版と同じ年に祝われた民法典の二百周年祭が如実に物語っている。この法輸出という深く根づいた伝統は、フランス法が国際的影響によって左右されるべきことを受容したり、フランス法を法的移植、相互的な肥沃化、ハイブリッド化といった観点からとらえることをとりわけ困難にしてきたといえよう。」

この文章を書いたフォヴァルク＝コッソン教授は、フランス法というのは世界に輸出する商品であること、したがって、フランス法に倣って立法したい、あるいはフランス法に倣って法改正をしたいと考える国々（その中にはもちろん日本も入っているのですが）のモデルになるような、市場価値の高いフランス法を維持しなければならないということが言われ、改正が急がれたことを指摘しています。

フランスにとって、民法は、国内で解釈で回っていればよいというものではないのです。

自国の民法をモデルにしたいという国々が世界にあり、そのモデルたりうるようなものであり続けなければいけない。つまり、市場価値を高めるための改正を怠ってはならない、ということです。

同じような意識は、多かれ少なかれ、民法典の老舗といえるようなヨーロッパの国々に見られます。老舗とは、たとえば、日本をはじめとするいくつかの国々に民法が忠実に継受されているドイツ、二〇世紀前半の最も優れた民法（債務法）として参照され、その債務法をトルコがそっくり翻訳して継受したスイス、二〇世紀後半の最も優れた民法とされ、ロシア民法の起草にも大きな影響を与えたオランダなどです。

†国際取引と契約法

ひとつの市場にはひとつの契約法が要請されるというストーリーにおいて忘れてならないのは、国際取引です。国際取引に適用される法律は、たてまえとしては、その取引に適用される特定の国の国内法（準拠法）が国際私法という法律によって決まり、あとは当該国内法の問題として処理されることになります。しかし、そうなると、多くの国との国際取引に携わる商人にとって、さまざまな国の国内法が準拠法になるとすると、外国法を調査すること自体が大きなコストを伴いますし、準拠法となった国の法律の内容次第では、予想外のリスクを抱えるおそれもあります。そこで、たとえばイギリス法を必ず準拠法に指定する、といった慣行もありました。

他方で、国際取引に適用される固有の法を作ろう、という動きも古くからありました。こうして形成された国際的な商慣習法をレクス・メルカトリア（lex mercatoria）と呼びます。このような伝統を受け継いで、多国間の条約として統一法を作ろうという試みが、一九三〇年頃から国際売買を対象として続けられました。そして、紆余曲折《うよきょくせつ》を経てようやく実を結んだのが一九八〇年にウィーン外交会議で採択された国連のウィーン売買条約（CISGと略称されます）でした。同条約は、一九八八年に必要な数の国の批准を得て発効し、今日ではイギリス以外の主要国を網羅して世界七六カ国が加入する条約となっています。

イギリスが加入していない理由は、前述したようにイギリス法を準拠法として指定する慣行があったので、そのような国際的需要にこたえるためでした（加入してしまうと国際取引に適用されるイギリス法がウィーン売買条約になってしまうため）。しかし、世界の大半がウィーン売買条約に基づいて取引をするようになっている現在、もはや孤高を維持する意味はないのではないかという議論がイギリス国内でも起きているようです。

†日本の加入

ところで、この条約に日本は二〇〇八年になって加入し、翌二〇〇九年八月から日本でも発効しました。これにより、日本企業が条約加盟国の企業と結ぶ国際売買契約には、当事者が合意で排除しない限り、ウィーン売買条約が適用されることになったのです。

では、なぜ日本の加入が発効から二〇年も遅れたのでしょうか。日本がなぜ加入しないのか、という問いは、アジアで条約への加入を考えていた近隣諸国から何度も日本に投げかけられました。日本が深刻に問題視しているような欠点があるなら、加入を考え直さなければならないからです。

実は、条約発効の翌年、日本でも批准の準備のための研究会が法務省の担当参事官のもとで立ち上げられました。そこには数人の関係領域の学者のほか、企業法務の実務家も参加して、四年以上にわたって詳細な検討が続けられました。当時まだ助教授であった私もメンバーの一人でしたが、中心メンバーとしては、ウィーン売買条約の専門家である曽野和明北海道大学名誉教授（現在）も含まれていました。曽野教授は、八〇年代に、ウィーン売買条約を作成した国連の国際商取引法委員会（UNCITRAL）の事務局長としてウィーン売買条約の発効に向けて尽力した経験を持ち、当時、北大教授在職のまま法律顧問としてIMFに出向しニューヨーク在住でした。しかし、日本の批准の必要性を強く確信しておられたため、毎回とんぼ返りの帰国をし、月一回の研究会に参加していました。

しかし、研究会参加者のこのような熱意にもかかわらず、日本の批准は実現しませんでした。最大の理由は、日本の経済界が批准の必要性を感じないという意見を述べたからだと言われています。グローバルな視点で見ると、資源もなく国土も狭い日本は、国際取引で生きている国です。しかし、世界展開している大企業の法務は、次のような趣旨の意見を述べたのです。

「国際取引では契約書に詳細な条項を入れるのでウィーン売買条約の条項に頼らなければならないようなことはまず生じない。仮にその必要がある場合も、通常はアメリカのニューヨーク州法を準拠法に指定することが多く、ニューヨークではたくさんの判例があって紛争がどのように解決されるかの予測可能性も高い。だから、できたばかりの条約を使うより現状のままのほうがはるかに便利だ。」

ウィーン売買条約のような契約ルールを定めた条約の批准となると、法務省は外務省を説得し、内閣法制局の理解を得、そのうえで国会を通さなければなりません。経済界のあと押しなしにこの手順を踏むのは、担当者にとって困難の大きなことだろうと思います。そうこうしているうちに、九〇年代の民事立法整備の大変革期が到来してしまい、目の前の緊急の課題を処理するのに追われる中でウィーン売買条約の批准はどんどん先延ばしになってしまった、というのが実状ではないかと推測します。発効から二〇年遅れで日本が加入したとき、すでにイギリスを除く世界の主要国はすべて加入していました。

†遅れがもたらすコスト

日本の加入が遅れたことは、日本にとって、何かコストを伴ったのでしょうか。これまでウィーン売買条約について各国で下された判決や仲裁判断の数を見ると、グローバルな統計に報告されている数字では、二〇一一年八月の時点で二六七五件にのぼっています。先例がないから法的安定性がないと日本の企業が言っている間に、世界中でたいへんな勢いで先例が積み重なっていたのです。

国別に見ますと、一番数が多いのがドイツで四七五件です。法学の質が高く法律家の質も高いことを誇る国で、自分たちに理解できる先例を作り上げるための貢献がなされています。注目されるのは、ドイツに次いで数が多いのが中国だということです。これは、ウィーン売買条約が自分の望むとおりに有利な契約書を作ることのできない途上国の企業にとって拠り所になることを考えれば、理解できることかもしれません。もっとも、同じ事情は世界への販売を考えている日本の中小企業についてもいえることなのですが。

ウィーン条約をめぐる判決・仲裁判断の数
(上位10位および日本。2011年8月11日現在)

ドイツ	475
中国	424
ロシア	285
オランダ	203
スイス	182
アメリカ	148
ベルギー	142
オーストリア	128
フランス	100
ICC(国際商業会議所)仲裁	83
スペイン	83
日本	1

ともかく、これら先例の形成に、日本の優れた法曹は関与することができませんでした。それが何をもたらすのか。それは、ウィーン売買条約の解釈における日本という国の決定的なプレゼンスの低さです。

国際的な法形成も「外交」であることを忘れてはなりません。世界各国は、法形成においてもしのぎを削っています。そのことは、国連国際商取引法委員会(UNCITRAL)の電子商取引作業部会で八年余り政府代表を務めた私の実感です。国のプレゼンスの低さは、国際取引ルールの形成において、自国の法文化や実績を対外的に主張する力を弱め、結局は、日本が理解できるルールを世界に広めることを阻害します。つまり、日本はいつまでも「先進的な」外国の成果を輸入する国であり続ける、ということです。

†契約法の国際標準をめぐる競争

本章では、ひとつの市場にはひとつの契約法が要請されるという現象を見てきました。国民国家ごとに市場が成立すると、その中に単一の近代的な契約法が要請されます。社会主義国が市場経済を導入する際にも、ただちに近代的な契約法が必要となります。

さらに、市場が国境を越えて拡大すると、国家単位で存在していた契約法の、国際的統一または共通化が求められることになります。

このように市場の拡大に伴って契約法が国際的に共通化するという流れを指摘できますが、これは、言い換えれば、どのような契約法が国際標準となるかについて、各国でまさに市場競争がなされているということでもあります。現代の欧米での契約法改正や契約法統合の動きは、このような構図の中で見る必要があるのです。

そして、国境を越えて市場が拡大するという現象は、日本が、まさにいま直面している現実です。東アジア、あるいは環太平洋地域で、共通市場を作るという動きは、現実的政治課題として議論されています。

いま日本が迫られているのは、市場の法的プラットフォームの共通化の流れの中で、どのようなスタンスをとるのかという選択です。このたびの民法改正は、このような広い視野の中に位置づける必要があります（第7章参照）。

しかし、それを考える前に、まず、われわれ自身の民法（契約法）について正しい認識を持つ必要があります。先人たちは、どのようにして近代的な西洋式の民法（契約法）を導入したのか、そこで導入された民法は、どのような特色を持っていたのか。次章で、その歴史を振り返ってみたいと思います。

第4章

日本民法の生い立ち

†日本の場合

前章では、世界各国や国際取引において、民法（契約法）が市場とどのようにかかわってきたのかを見ました。では翻って、日本では、民法と市場はどのようにかかわってきたのでしょうか。明治維新後の変動期の中で、近代的な市場を支えうる法的プラットフォームはどのようにして整備されたのでしょうか。

そこには、国の運命を背負った人たちのドラマがありました。しかし、結果としてできあがった民法は、国民にとって「わかりやすい民法」ではありませんでした。本章ではその経緯を歴史的にたどります。

†条約改正と法典編纂

明治政府にとって、最大の外交案件は、条約改正問題でした。すなわち、一八五八（安政五）年の日米修好通商条約をはじめとして安政年間に徳川幕府が五カ国と結んだ通商条約は、関税自主権がなく治外法権が認められるなど不平等なものでした。

それがどういうものであるかということは、『坂の上の雲』という、以前ＮＨＫでやっていたテレビドラマの中に印象的なシーンが出てきます。日本国内で日本人と外国人との間でトラブルが生じ、外国人が何か悪いことをしたというとき、日本の裁判所で日本の法律に基づいて外国人を裁くことができませんでした。いわゆる治外法権ですが、そういうシーンがドラマでも出てきました。また、関税の自主権がなく、日本は独立国であるのに、日本が輸入する商品の関税を自主的に決めることができませんでした。

この種の不平等な条約は、当時、西洋列強が中国（清）と結んでいましたが、次第に不平等の度合いを大きくしていって、とうとう領土の分割までさせ、事実上、清を植民地化していくことが起きていたわけです。次のターゲットが日本ではないかと、明治政府はたいへんな危機感を持ちました。日本が植民地にならないようにするためには、まずこの不平等な条約を対等の独立国同士の内容に改める必要がある。そこで明治維新のあと、すぐに西洋列強と条約改正交渉を始めるのです。しかし、西洋列強の答えは、近代的な法典や司法制度もない国と対等な条約など結べないということでした。当初は、外国人判事の任用に加え（裁判所の公用語を日本語と英語にするという想定です）、日本が編纂した法典を列強が審査することまで求めていました。

このような困難な条約改正交渉の中で、とにかく早く、憲法・民法・刑法といった基本的な法典を作らなければいけない。それも日本の長い歴史を踏まえた日本的な法典ではなく、西洋式の近代法典を作る必要があるということになりました。

この法典編纂に向けた試行錯誤の初期の時代に、とりわけ民法典の編纂に熱心であったのが江藤新平でした。彼はすでに一八七〇（明治三）年には民法典編纂の作業を開始しています。編纂を担当した部署は、江藤自身の地位が最終的には参議に上りつめるまで、彼の異動とともに移り変わりました。しかし、最終的になされた作業は、フランス民法典の冒頭部分（家族法の一部）を翻訳するという水準を出るものではなかったようです。実際、財産法の部分は、それを理解する法学的素養はまだ日本にはなく、そもそも、西洋の法典にある法律用語を表現するための翻訳語もなかったのです。訳語を作りながらの作業ですから、ほとんど杉田玄白「蘭学事始」の世界で、レベルが低いのもやむをえません。

たとえば、最も基本となる「権利」「義務」という言葉は、ヘンリー・ホイートン（Henry Wheaton）というアメリカの外交官の書いた『万国公法』という幕末に大ベストセラーとなった翻訳書から借用したといいます。ホイートンの本は、ウィリアム・マーチン（William Martin）というアメリカの宣教師が中国で漢訳書を出し（一八六四年・元治元年）、西周《にしあまね》がそれに句読点訓点をつけて開成所から慶應元（一八六五）年に出版し、これが大ベストセラーになったのです。

明治になってからさらに日本語訳が出版されましたが、非常に苦労して翻訳されています。しかし、“Sovereign”という言葉は中国語訳では「主権」だけれど日本語では「国主」となり、「主権者」は「君主」となっていたりするという程度の水準の翻訳だったようです。そのほか、「社会」も「個人」も、明治に作られた翻訳語です。もちろん「債権」「債務」をはじめ、民法の基本用語の多くはこの時期に作られていくのです。

さて、フランス民法典の翻訳は、箕作麟祥《みつくりりんしょう》という語学の天才に命じられました。よく引用される有名な話は、江藤が、「誤訳もまた妨げず、唯、速訳せよ」と命じたことや、さらには、日本の民法典を作るには、「仏蘭西民法と書いてあるのを日本民法と書き直せばよい」と言ったとか、言い伝えられています。

箕作麟祥はその後、法政大学の前身の和仏法律学校の校長を務め、また貴族院議員、行政裁判所長官なども歴任した大物学者ですが、その死後、知人の実業家清水卯三郎《うさぶろう》は麟祥について、「まあ何の事はない、翻訳をしに此の世に生れて来たやうなものだ、もう少し早く生れたら、旧幕の時に好い所に用ゐられましたらうが、時が悪かつたかして、あの人の骨を折つたことが、其割合に世間に知れて居ませぬ」と述べています。当時の日本の法律学の特質を象徴しているといえるかもしれません。

さて、江藤新平の法典編纂作業は、のちに、彼が佐賀の乱にかつがれてその首謀者となり、一八七四(明治七)年に刑死したことで頓挫します。

†ボワソナードの活躍

その後、民法典の編纂はなかなか進みませんでした。ところで、最新の法典を作るために、途上国でよく使われる手っ取り早い方法は、法典起草の能力を持った学者を西洋から連れてきて作ってもらうということです。日本も、明治期に西洋諸国からいわゆるお雇い外国人をたくさん雇いましたが、その中で民法典の起草を委ねられたのがフランス人のギュスターヴ・ボワソナードです。

彼は、まず刑法・治罪法(刑事訴訟法)の起草を委ねられますが、それを終えた一八八〇(明治一三)年、今度は民法の起草が委ねられます。ボワソナードは、勤めていたパリ大学から、当時の給料の六倍以上という破格の報酬で招聘《しょうへい》されて一八七三(明治六)年に来日したフランスの教授ですが、明治政府の信任も厚く、台湾出兵をめぐって大久保利通が一八七四(明治七)年に北京で清国政府と交渉した際も顧問として同行しています。

ボワソナードは、民法に関しては、日本には日本固有の民法が必要だという考えでしたので、実際に、日本の取引慣習などの調査も行なわれました。しかし、近代西洋式の民法典に盛り込める慣習がそうあるわけでもなく、やはり基本的にはフランス民法をベースとした規定が起草されました。こうして彼は一〇年がかりでボワソナード草案と呼ばれる草案を完成させます。

この草案をもとに日本人の委員による日本語の民法草案の準備が進行しますが、これが猛烈なスピードの作業で、一日一五カ条というノルマがあり、準備作業のための規則には、「法理の得失、実施の緩急、文字の当否は、之を論議することを許さず」という定めまでありました。つまり、ほとんど翻訳だけという作業だったわけです。それほど急いだ理由は、一八九〇(明治二三)年の国会開設前に完了しないと、国会にかけなければいけなくなり、そうなると法律になるまで何年かかるかわからないから、条約改正が遅れてしまうという政治的配慮がありました。こうして、いわゆる旧民法は一八九〇年四月二一日と一〇月七日に公布されました。第一回帝国議会の召集はその年の一一月二五日のことです。

†法典論争から法典調査会へ

しかし、ボワソナードの起草した民法の施行に対して猛反対が起き、いわゆる法典論争が勃発します。その際書かれた穂積《ほづみ》八束《やつか》の「民法出デテ忠孝亡ブ」という論文は、その論文の内容によってより、センセーショナルなタイトルの効果によって、大いに影響力があったといわれます。外国人が作った民法で日本の伝統的な忠とか孝といった文化が滅ぶ、というわけです。この法典論争と呼ばれる論争は、多分に感情的なところもありました。また、当時は、片や司法省法学校(明治四年~一八年)以来、フランス法の教育が行なわれる一方で、東京大学では英米法の教育が行なわれていたため、英米法系の教育を受けた人たちが、フランス式の民法ができることを嫌ったともいわれます。

ともかく、この論争の結果、施行は困難となり、一八九二(明治二五)年一一月に民法の施行が一八九六(明治二九)年末まで延期されます。そして、翌年一八九三(明治二六)年三月に、民法典を修正して作り替えるべく法典調査会が設置されました。トップである総裁は首相の伊藤博文、副総裁は西園寺公望という組織で、国を挙げての事業であることがよくわかります。与えられた猶予期間は一八九六年末までですから三年余りです。穂積《ほづみ》陳重《のぶしげ》、富井政章《とみいまさあきら》、梅謙次郎《うめけんじろう》の三人の日本人起草者が任命され、旧民法を修正して新たな民法に書き換えるという作業が急ピッチで始まりました。

当時、穂積はすでにイギリス、ドイツ留学を終え新設の東京大学法学部長や貴族院議員を経験した法学界の重鎮でしたが、起草委員に任命されたとき三七歳。富井もフランス留学を経て東京大学法学部教授となり、貴族院議員にもなっていましたが、ときに三四歳。梅にいたっては、司法省法学校を首席で卒業し、フランス留学でめざましい成績を修めて帰国し、ただちに東京大学（当時は帝国大学と名称変更されていた）の法科大学教授となった秀才ですが、まだ三二歳でした。若い国家の若々しい俊英たちが、近代国家の象徴としての民法典編纂を担うことになったのです。

†条約改正への道

ちょうどこれに並行する時期の一八八九（明治二二）年、旧民法が公布される直前の時期ですが、条約改正があと一歩のところまできていました。ときの外務大臣は大隈重信で、首相の伊藤博文が、あえて政敵の大隈を、その交渉力を見込んで外務大臣に据えたのです。

ところが、条約改正の案の中に、大審院に外国人判事を任用するという条項が入っているとの記事をイギリスのロンドンタイムズが掲載し、それが日本に伝わって猛烈な反対運動が起きました。そして、大隈外務大臣が、宮中での閣議の後、外務省に戻ってきたところ、現在外務省がある場所と同じですが、国家主義組織の玄洋社のメンバーである来島恒喜《くるしまつねき》に爆弾を投げられて右足を失うという襲撃事件が起きます。これで大隈大臣が辞職をして、条約改正が頓挫します。

次いで、青木周蔵外務大臣が条約改正に奔走して、ロシアの南下を嫌うイギリスの支持を得て、あと一歩というところまでいくのですが、一八九一（明治二四）年、ロシア皇太子が大津で巡査津田三蔵に斬り付けられるという大津事件が起きて、青木周蔵外務大臣が辞職し、また条約改正が頓挫します。こういうことがずっと並行して起きているその最中に民法が起草されていたのです。まさに、一刻を争いながら国家事業として法典編纂を急いだ、という時代であったわけです。

その後、一八九四（明治二七）年、日清戦争直前であり、法典調査会での民法典の審議中の時期ですが、陸奥宗光外務大臣の下で、青木周蔵元外務大臣がイギリス公使となって交渉し、ロシアの南下に危機感を募らせていたイギリスと日英通商航海条約の調印に成功して、治外法権制度の撤廃が実現します。やがて関税自主権が回復し、条約改正が達成するのは、民法典の施行後、日露戦争を経て日本の国際的地位が高まった一九一一（明治四四）年の日米通商航海条約によってでした。その後他の諸国との条約も順次修正されたのです。

†日本民法典の特質

さて、条約改正と並行して進められた法典調査会の審議ですが、法典調査会を設置してから国会で民法ができるまでにかけた期間がおよそ三年です。家族法の部分をのぞく財産法の部分だけでいいますと、二年半でこれを仕上げています。当時は西洋の法学の基本用語すら完備しておらず、翻訳をして言葉を作りながら条文を作っていったわけですが、それを二年半や三年で仕上げたというのは、いかに大急ぎで作ったかがわかります。

こうしてできあがった日本民法典は、フランス式の旧民法に、当時起草が進められていたドイツ民法の優れている（と考えられた）点をできるだけ盛り込み、法典の構造もドイツ式に改められたものとなりました。内容的には、フランスとドイツの影響を半々程度に受けた法典です（それ以外にイギリスやベルギーなどの影響を受けた規定もあります）。その意味では、フランスとドイツをともに母法とする法典といえます。起草者の一人穂積陳重は、世界中の民法を参照した「比較法の果実」であると述べていますが、やはりフランスとドイツの影響が突出していることは否めません。

しかし、この民法典は、モデルとした母法国の民法と比べて大きな特色がありました。それは条文の数が極端に少ないということです。

日本の民法は、戦後の家族法改正の結果、最後の条文の番号が一〇四四条になっていますが、制定当初はもう少し多くて一一四六でした。しかし、日本がモデルにしたフランスの民法はというと、最後の条文の数は現在の数字で言うと二四八八、ドイツ民法の場合は二三八五で、いずれも日本民法の倍以上の条文数があります(枝番号が付いているので実際の条文数はさらに多くなります)。フランス、ドイツ以外の国になると、もっと条文数の多い民法を持っているところは少なくありません。つまり、もともと民法という文化が発祥した地であるヨーロッパの民法というのは、われわれの日常の生活に必要なルールがある程度は書き込まれているために、条文数もそれだけ増えるわけです。

しかし、日本では、法典調査会の審議が始まる際、次のような「法典調査ノ方針」が採択されました(句読点濁点を補い、カタカナはひらがなに、旧字は現代表記に改めています)。

「法典の条文は原則変則及び疑義を生ずべき事項に関する規則を掲ぐるに止め、細密の規定に渉らず」（一一条）

「法典の文章は簡易を主とし用語は成るべく普通慣用のものを採る」（一二条）

「法典中文章用語に関し立法上特に定解を要するものを除く外、定義種別引例等に渉るものは之を削除す」（一三条）

このような方針は、もちろん、それなりに理解できる面もあります。大急ぎで法典を作る必要があったことに加えて、日本は、近代化に向けて社会が大きく変動している時期であり、民法の規範にできるような安定した社会的慣習を抽出することには無理もありました。このため、細かな規定を作ろうとすると、結局は全部西洋から輸入せざるをえないわけですが、ヨーロッパの細かな条文をそのまま持ってきても、日本の社会にうまく合わなくてすぐ改正しなくてはいけないということになっても困ります。そこで、細かな条文を全部落として、原則だけ、それも非常にシンプルに書くという方針が採用されたのです。

このような方針の結果、ボワソナードが、西洋式の法学になじみのなかった日本人のために、まさに教育的見地から多数用意していた定義的、説明的規定がことごとく落とされてしまいました。西洋法学を完全にマスターした超エリートたちの矜持《きょうじ》もそこに見るべきかもしれません。しかし、同時に、法典の名宛人から、一般国民が完全に抜け落ちてしまったのも事実です。

このたびの契約法改正に対して、条文数が多くなるとわかりにくい民法になるとの批判がなされることがあります。しかし、もともと条文数の少ない日本民法の条文が多少増えたからといって、民法の内容がわかりにくくなるわけではありません。むしろ、日本民法の成立の経緯を考えれば、書かれていない必要なルールを整備していくことこそ、「わかりやすい民法」へとつながるのだと思います。

†学説継受

こうして、条文の数が少なく、かつ一カ条の文字数も少ないシンプルな民法典ができましたが、その結果何が起きたかというと、西洋式の民法はできてもその条文だけでは裁判ができない、あるいは行動の具体的な指針を民法から導くことができないわけです。そのことは起草者自身よくわかっておりまして、民法の起草者の一人の梅謙次郎は、『民法要義』という民法の全体にわたっての解説書を書いていますが、その第一巻の序文の中で次のように言っています。

「予以為《オモヘ》ラク修正民法ハ其文極メテ簡潔能ク法典ノ全般ニ通暁シ泰西ノ法理ヲ研究シタル者ニ非サレハ其解釈誤ナキコトヲ期スヘカラス」（私が思うに、新しい民法は、文章が非常に簡潔で、法典全体に通暁し、西洋式の法学を研究した者でなければ誤りなく理解することはできない）

そこで友人たちから、起草をしたおまえがきちんと解説書を書けと言われた。このため私はいま公務でたいへんに忙しいのだけれども、睡眠時間を削ってこの解説書を書いた、と序文に書いてあります。

そういう民法ですから、裁判で使うにはもう少し具体的なルールが作られる必要があるわけですが、これを導き出す役割が、すべて解釈論に委ねられるということになりました。

当初は、起草者の見解が権威を持ちましたが、当時、世界最先端の法理論はドイツの理論だと言われており、まもなく、ドイツに留学した優秀な民法学者や弁護士、裁判官を通じてドイツの理論がたいへんな勢いで日本に輸入されました。そのドイツの法理論をもとに精緻な解釈論を作り上げたのが、鳩山秀夫です。鳩山由紀夫元首相の祖父は鳩山一郎元首相ですが、その弟が鳩山秀夫です。当時、賢弟愚兄などといわれたそうですが、その兄が首相になったわけで、弟がいかに優秀であったか、ということです。

その鳩山秀夫が若くして、ドイツの理論をもとにした精緻な解釈論の体系を作り上げます。日本の民法の条文は少なくとも半分くらいはフランスに由来していますが、条文は横に置いておいて、条文を読んだだけでは絶対に出てこないドイツ式の理論が解釈論の名のもとに精緻に体系的に作り上げられたのです。外国の法典に倣った法典を作るのを法典継受と呼ぶのと対比して、このような学説の大々的な輸入を北川善太郎《ぜんたろう》京都大学名誉教授は「学説継受」と呼びました。

これは日本のユニークな点です。初めて民法を勉強する人は、条文にはほとんど何も書いてないのに、民法の教科書を読むと非常に精緻なことが書いてあって、なるほど民法というものは奥が深いと思うのですが、実は、これは異常な状態というべきです。

歴史的には、法典ができると、立法者が解釈を禁ずることは珍しくありません。判断基準はすべて書いてあるから、勝手な解釈をするな、というわけです。しかし、日本の民法は、もともと解釈なしには適用できないほどシンプルで、しかも、初期の段階から、条文に書いてあることと解釈論が乖離《かいり》していました。条文はフランスからきているが、解釈論は、異なる条文を前提としたドイツから来ている、ということが珍しくなかったのです。解釈と言いながら条文の解釈などしていないというのが日本の解釈論です。タテマエとホンネを分けて考える日本の気質には、これも特段の違和感をもたらさなかったのかもしれません。

その後鳩山は、東大の同僚の末弘厳太郎《すえひろいずたろう》から、横書きのドイツの理論を縦書きの日本語にしているだけだと、厳しい批判を受けてたいへん悩み、結局学者を辞めてしまい、そのあとは衆議院議員になったり弁護士をしたりしました。ですから学者として活動した期間はそれほど長くはないのですが、しかし大正年間は、「民法といえば鳩山、鳩山といえば民法」と言われるくらい有名な理論になりました。

鳩山が同僚から批判を受けて、おまえの法学はドイツの焼き直しだと言われて悩んだときに、自分の家に住み込んでいる書生の手を取って、涙を流したというのですが、そのときの書生が我妻栄《わがつまさかえ》で、我妻はその後東京大学で鳩山の跡を継いで、我妻理論と今では呼ばれる非常に精緻な解釈論を完成させます。これがその後の日本の解釈論の基礎になっています。この我妻が完成させたドイツ式の解釈論の上に、一一〇年間にわたって膨大な判例が積み重なったというのが現在の状況です。その結果、実は民法典の外に、判例や学説によって形成されたもう一つの民法があるという状態になっているのです。

はじめからこういう状況で教育を受けますと、民法というものはそういうものだと思ってしまうのですが、実は正常なことではありません。民法というのは、国民の日常生活や経済活動のために作られる法律ですので、本来は、法律の中にルールが書いてあって、多少の法的素養のある人が見れば理解できるというのがあるべき姿です。しかし、日本の場合には全くそうはなっていないわけです。

†不親切な民法

日本の民法がどのように不親切であるのか、その一例を挙げてみましょう。最高裁の平成元年九月一四日判決を取り上げます。事実関係は以下のようです。

> 銀行員Xは職場の部下の女子職員Aと親密な関係になったことなどから、妻Yとの婚姻が破綻し、協議離婚することとなった。Xは、Aとともに裸一貫から出直す決意で、自己の財産である土地建物を財産分与としてYに譲渡する旨合意した。Xは当初、

本件財産分与についてはYに課税されるものと考え、それを気遣う発言もしていたが、その後、上司の指摘でXに二億円余の譲渡所得税が課税されることが判明した（バブル経済で不動産価格が高騰していた時期です）。そこで、財産分与は無効だと主張して、不動産の一部について移転登記の抹消を求める訴訟を提起した。

離婚の際には、夫婦で形成した財産の清算の趣旨で財産分与の義務があります。夫が働き、妻が家事に従事する家庭の場合、夫の金で購入した財産にも妻の貢献があるはずですから、夫から妻に対して財産分与がなされます。特に、この事件のように夫の不倫が原因で離婚するときは、慰謝料の支払義務も発生しますから、それも含めた財産分与がなされます。Xはこの財産分与が税法上贈与として扱われると思い、財産を取得するYに課税されるものと考えていたのです。

ところで、一般に不動産を売却すると、キャピタルゲイン（たとえば五〇〇〇万円で買った土地を一億円で売った場合の差額の利益）に対して譲渡所得税が課されます。財産分与は、たとえば一億円の財産分与義務があった夫が一億円相当の不動産を妻に譲渡すれば、一億円の債務が消滅するから、その分の利益を得たことになり、結局代金一億円で売却したのと同じだと考えて、分与者に譲渡所得税を課すのが実務の扱いです。

つまり、Xは、税金の実務についての誤解に基づいて本件財産分与をしたことになります。このような誤解は法律では「錯誤」と呼ばれますが、民法は次のように定めています。

九五条　意思表示は、法律行為の要素に錯誤があったときは、無効とする。ただし、表意者に重大な過失があったときは、表意者は、自らその無効を主張することができない。

民法が国民に対して、日常生活や経済活動におけるトラブルの解決基準を示す役割を担っているとして、この条文を読んで本件を解決する判断基準を導ける人は、おそらく一人もいないでしょう。

しかし、民法の教科書を読むと、九五条の「法律行為の要素に錯誤があったとき」とは、本件で言えばXは錯誤がなければこのような財産分与の意思表示をしなかったし（因果関係の存在）、またXだけでなく合理的な人であれば取引の常識として、そのような意思表示をしないといえるほど重要な錯誤であること（重要性の要件）とされています。

さらに、一般的な教科書によると、次のような解説が書かれています。

九五条がもともと想定している錯誤は、言い間違いのような場合であり、これは「表示行為の錯誤」と呼ばれる。これに対して、財産分与として本件不動産の所有権を移転するという意思はあったのだけれど、その前提となる事実や法律についての認識の誤りがあった場合は「動機の錯誤」と呼ばれ、通常は要素の錯誤にあたらない。

これは驚きです。条文にはそんなことは一言も書かれていないからです。しかし、さらに、動機の錯誤も、動機が表示されて法律行為（契約）の内容になったときは、要素の錯誤になりうる、とするのが判例であると書かれています。これも条文には一言も書かれていないことです。

本件の原審裁判所である東京高等裁判所は、Xの錯誤は動機の錯誤であるが、「合意の動機として表示したものとはいえない」として請求を退けました。これに対して最高裁は、「動機が黙示的に表示されているときであっても、これが法律行為の内容となることを妨げるものではない」と述べ、「Xにおいて、右財産分与に伴う課税の点を重視していたのみならず、他に特段の事情がない限り、自己に課税されないことを当然の前提とし、かつ、その旨を黙示的には表示していた」と判断して、原審判決を破棄し、事件を東京高等裁判所に差し戻しました。

差戻し審ではXの錯誤の主張が認められています。そして、銀行員であるXがこのような錯誤に陥ったことは九五条ただし書きの「重大な過失」にあたるとのY側の主張に対しても、財産分与への譲渡所得課税が法律専門家の間でも賛否の意見が分かれており、Xが銀行員だったからといって重大な過失があったとはいえないと判断しました。

ここで結論の是非を問題にしようというわけではありません。問題は、この事件の解決基準となった要素の錯誤の判断基準も、動機の錯誤の判断基準も、全く条文には書かれていないということです。条文の外に、具体的なルールを伴った精緻な解釈理論が形成されている民法の現状を如実に示す例のひとつといえるでしょう。

†判例の水準

ところで、判例による詳細なルールの形成は、民法典の施行後比較的早い時期から始まっています。しかし、考えてみればこれは不思議なことです。基本的な法概念の訳語を確定しながら大急ぎで民法典が編纂された国で、法典施行後それほど時を経ずして詳細なルールを形成できるような実務法曹、とりわけ裁判官がなぜ存在しえたのでしょうか。

条約改正の交渉過程で、大審院に外国人裁判官を任用せよという外圧があったことは、すでに述べたとおりです。西洋式の法学の伝統もなく、西洋式の法典を外国人の援助を得ながら大急ぎで編纂している国ですから、たとえ西洋式の法典ができても、それがきちんと運用されるという保証はありません。その点に西洋列強が不安を抱いたとしても不思議ではないでしょう。ところが、法典施行間もない時期から、非常に水準の高い判決が続々と生み出されているのです。

民法典の施行は一八九八(明治三一)年七月一六日ですが、明治四〇年前後から大審院の民事連合部判決が次々と出されています。連合部というのは、今で言えば最高裁の大法廷のようなもので、過去の判例を変更するような場合に開かれます。その連合部判決が続々と出るということは、大審院が、民法典施行直後の混乱期を抜け、判例法を統一する段階に入ったことを示しています。その時期が、施行から一〇年も経たないうちに訪れているのです。

たとえば、少々専門的な話になりますが、不動産の物権変動の対抗要件を定めた民法一七七条の「第三者」の範囲について、今日も拘束力を持つ判例法が確立したのは明治四一年一二月一五日の連合部判決ですし、詐害行為取消権(民法四二四条)について、今日の実務の基礎をなす判例理論を詳細に判示したのは明治四四年三月二四日判決です。二〇一一年は、この明治四四年判決からちょうど一〇〇年になりますから、一〇〇年間にわたって判例法として機能するだけの水準の判決を、民法典施行後一〇年ほどで出すことができたわけです。

今日では、日本は、新興国に法整備の支援を行なう側の国ですが、法整備の際に難しいのは、水準の高い法律実務家の養成です。法典は先進国から輸入することができますが、実務家の養成は簡単ではありません。では、一〇〇年余り前、いきなり西洋式の法典を継受し、西洋の法学を学びはじめたばかりの日本で、このように高い水準の判例を出せる実務法曹を短時日のうちに養成できたのはなぜでしょうか。

†明治時代の裁判官養成

成立したばかりの明治政府では、裁判官も藩閥出身者が抜擢されることが多く、必ずしも西洋式の法学の知識など持たない裁判官も多かったようです。しかし、明治政府の最大の懸案である不平等条約の改正のためには、近代的法典の整備と並んで司法制度の整備が不可欠でしたから、優秀な実務法曹の養成は喫緊の課題でした。そこで、政府は早くも一八七一(明治四)年に司法省法学校を作り、全国から優秀な若者を集めて、集中的な英才教育を行ないました。司法省法学校では一週間ごとに成績順で名札の順序が変更され、成績低迷者は退学させられるなど、競争は苛烈を極めたといわれます。

当初の法学教育は外国人によってなされましたが、間もなく、卒業生の中の優秀な人材を欧米に留学させ、優れた成績を修めて帰国した者を新設の東京大学の教授に任命して教育にあたらせました。同時に、これらエリートたちの中から、私立の法学校を設立する者も現れました。こうして養成された法律家の中から裁判官を任命し、やがて法的知識の不十分な老朽司法官を排除して、正規の法学教育を受けた若手に置き換える人事が断行されていきます。有名なのは、横田国臣《くにおみ》（のちに一五年にわたって大審院長をつとめたことで有名）らが図って、民法典施行の年である一八九八（明治三一）年に大阪控訴院長らを一斉に淘汰《とうた》した人事です。

こうして、きわめて短期間のうちに、近代的司法制度を運用できる人材の養成がなされていったのです。

†なぜ判例の明文化が問題とならなかったのか

日本には、民法典の外にもう一つの民法があるといえるほど多くのルールが解釈論として存在していると述べました。少なくともそのうちの安定した原則については、それを条文の形に明文化することが、民法の透明性を高める観点から望ましい、ということはあまり異論のないところでしょう。とりわけ民法が、われわれの日常生活や経済活動と密接にかかわる法律であることを考えれば、その必要性はなおさら大きいというべきです。

そこで生ずる疑問は、なぜこれまでそれが問題とされなかったのかということです。「不磨ノ大典」は大日本帝国憲法の発布勅語で使われた言葉ですが、戦後新憲法に取って代わられた大日本帝国憲法よりも、一一〇年以上抜本改正を経ていない民法の契約法こそ、不磨の大典の名にふさわしいともいえます。実際、民法というのは滅多に改正しないものだと信じている人も日本にはいます。本家のヨーロッパの民法は、頻繁に改正されている法律であるにもかかわらず、です。

なぜ日本で民法は「不磨の大典」といったイメージで語られるのでしょうか。言い換えると、なぜこれまで、「解釈で回っているから改正しなくてよい」という感覚が通用し、解釈論の明文化が問題とならなかったのでしょうか。

第二次世界大戦後、一九九〇年頃までの時代、長らく、民法の条文など法律家にしかわからなくても別にかまわないという意識が支配する時期が続きました。日本の取引社会の紛争が、多くの場合は裁判外で処理されていたためです。よほど変な事件は裁判所に行くけれど、それ以外のものは大体、裁判外で処理される。そしてその場合は、別に民法の条文だけに則って判断するわけではなく、日本社会の常識（と考えられていたもの）に基づいて処理をする。だから、裁判所に行けば民法が適用されて解決されるけれども、紛争がこじれて裁判にでもならない限り、民法など国民にわからなくても別にかまわない、という感覚が存在していたように思われます。

このため、外国から輸入された舶来の法である民法典の中の契約法と日本の社会の中に生きている契約法という、法の二元性が指摘されたりもしました。このような二元性の観念は、タテマエとホンネという日本人の規範意識に訴えかける魅力も持っていました。

実際、かつては、契約紛争が訴訟になる数は決して多くはありませんでした。そのような日本の特質は、契約紛争に限らずより一般的に「日本人の裁判嫌い」として研究の対象になりました。その後、日本の高度経済成長をふまえて、このような日本の特質は経済合理的であるとの議論が注目を集め、コストのかかる裁判を回避できる信頼を基礎とした社会のメリットが論じられるなど、プラスの側面が国際的に研究対象となるようになったのです。

しかし、やがて日本の社会が急速に変化します。バブル経済が崩壊し、「失われた一〇年」などと呼ばれることになった一九九〇年代以降です。高度経済成長を支えていると信じられていた日本的システムが信任を失い、透明性の高い法的なルールに基づいてきちんと裁判所で紛争を処理しようという指向が強くなります。これを象徴するのが司法制度改革です。二〇〇一年に公表された司法制度改革審議会の意見書は、「二一世紀社会の司法は、紛争の解決を通じて、予測可能で透明性が高く公正なルールを設定し、ルール違反を的確にチェックするとともに、権利・自由を侵害された者に対し適切かつ迅速な救済をもたらすものでなければならない」と言っています。

このような提言がなされるようになった背景には、日本社会の構造的変化があるだろうと思います。意見書は法的なルールが公正な内容であるだけでなく、透明性が高くなければならないと言っていますが、透明性が高いというのは、知りたいと思った人が知ることができる状態にあるということです。法律のルールは法律に書いてあるということが当然要請されるわけです。法律の条文には禅問答のようなことしか書いてなくて、専門家の書いた解説書を調べて初めて中身がわかるというのでは、透明性が高いとは言えないわけです。透明性が高く公正なルールに従ってきちんと司法的な解決が導ける、そういう社会を目指すべきだという意識が、社会一般に高まってきました。

その結果、一九九〇年代以降、民事法の領域で抜本改正や新法の制定が続々と行なわれます。借地借家法（一九九一年）、民事訴訟法（一九九六年）、民事再生法（一九九九年）、金融商品販売法（二〇〇〇年）、会社更生法（二〇〇二年）、人事訴訟法（二〇〇三年）、破産法（二〇〇四年）、不動産登記法（二〇〇四年）、会社法（二〇〇五年）、一般社団法人法（二〇〇六年）、金融商品取引法（二〇〇六年）、信託法（二〇〇六年）、保険法（二〇〇八年）、非訟事件手続法（二〇一一年）、家事事件手続法（二〇一一年）等です。

法制審議会に長く関与した星野英一東京大学名誉教授は、この動きを、明治維新と第二次世界大戦直後と並ぶ第三の法制改革期と呼んでいます。

民事法領域ではありませんが、この時期の日本社会の変容を象徴するひとつの法律があります。それが一九九三年に制定された行政手続法です。それまで日本社会の行政的コントロールを象徴する手法であった行政指導への批判が高まり、「行政運営における公正の確保と透明性の向上」（同法一条）のために、行政指導にも透明性を高めるためのルール化が図られたのです。日本社会の構造が変化していることを示す、画期的な立法といえるでしょう。

また、コーポレート・ガバナンスやコンプライアンスといった言葉が使われるようになったのも九〇年代以降です。以前は、企業がメインバンクと呼ばれる特定の銀行との緊密な関係を築くことで資金調達の安定性を確保し、他方で、メインバンクの監視とコントロールによって企業のガバナンスが維持されていたのです。

ところが、大企業を中心にメインバンク制そのものが崩れはじめ、新株発行や社債などによる市場からの直接金融が資金調達の主力となるにつれて、企業が守るべき公正なルールを示し、それが守られていることを市場が確認できるような仕組みが求められるようになりました。そして、企業経営が透明性をもってなされることへの要請が強くなりました。「発言する株主」という言葉もブームになりました。

さらに、日本的特質ともいわれた裁判外での紛争解決そのものにも法的ルールが導入されます。それが二〇〇四年に制定されたいわゆるADR法（正式名称は「裁判外紛争解決手続の利用の促進に関する法律」）です。これにより、これまで（信頼できる第三者を介在させた）事実上の話し合いで行なわれていた紛争解決が、透明性の高いルールの下で法的資格を与えられた機関で行なえるように制度整備がなされました。

†法化社会

このような社会の変化は、あらかじめ定められた公正で透明性の高いルールのもとでフェアな競争が成立する社会を目指すということですが、そのために、既存の多くのルールがそのような目的に適合するように改正され、また多くの新たなルールが制定されました。これはまさに「法化社会」の到来といえるでしょう。

「法化」という概念は、一九八〇年代にドイツで盛んに議論され、それを論じたトイプナーの研究などが日本でも紹介されましたが、当時はまだ、欧米の現象としては理解できても、我がこととしては実感がなかったように思います。そのため、法化社会を論ずる日本の論者の議論も、どこか地に足が着かない輸入理論という印象を拭《ぬぐ》えませんでした。しかし、九〇年代に入って、法化社会を実感せざるをえない現実が訪れたのです。そのことを弁護士実務の経験から指摘した久保利英明弁護士の『法化社会へ日本が変わる』という本が出たのが一九九七年のことでした。

ところで、司法制度改革の結果として、裁判員制度がスタートしましたが、裁判員裁判を管理職として経験したある地方裁判所の所長に聞くと、裁判員になる前と経験した後とで一般の人の法に対する感覚が別人のように変わると言います。何日間か自分で事件を担当して、被告人を目の前にして証人尋問をやったりして実際に裁判にかかわると、法に対する意識が変わる。こういう経験を積んだ人がこれから万の単位で毎年輩出されることになりますので、それによって日本社会の法に対する意識も変わり、その影響は間違いなく民事事件にも及ぶだろう、とその裁判官は語っていました。

したがって、国民の生活に一番密着した法典である民法典に何が書いてあるのかわからないし、大事なことは書いていない。知りたければ弁護士や司法書士など法律専門家のところへ行きなさい、というようなことはもはや通用しないだろう。ルールがあるのになぜ法律にきちんと書いていないのかと思う国民がどんどん増えていく。そういう新しい法意識に対応できるような、国民のための民法が、いまや求められているのです。

先に挙げた司法制度改革審議会の意見書も、「分かりやすい司法を実現するためには、司法判断の基礎となる法令（ルール）の内容自体を、国民にとって分かりやすいものとしなければならない。とりわけ基本的な法令は、広く国民や内外の利用者にとって、裁判規範としてのみならず行為規範としても、可能な限り分かりやすく、一般にも参照が容易で、予測可能性が高く、内外の社会経済情勢に即した適切なものとすべきである」と言っています。ルールはルールブックに書くべきなのです。その意味で、民法典の改正は、これまでの多くの民事立法整備の総決算的な位置にあるといえます。

第5章

国民にわかりやすい民法

†わかりやすさとは

契約法改正を法制審議会に諮問した諮問第八八号は、改正の目的として、「国民一般に分かりやすいものとすること」を挙げています。わかりやすいということは、二つの意味を含んでいます。第一に、文章が理解しやすい、ということ。これが日常語の「わかりやすい」という言葉が通常意味していることでしょう。

しかし、前章で述べた日本民法典の特質を考慮するなら、わかりやすさはもう一つの意味を持っています。それが、実際に拘束力を持っている民法のルールがきちんと法典の中に書かれている、ということです。これは民法典の透明性を高めること、と言い換えることもできるでしょう。具体的には、確立した判例ルール、異論のないルールをきちんと法律の条文として書いておくということです。前章の最後に挙げた司法制度改革審議会の意見書は、基本法が「一般にも参照が容易で」あることを求めていますが、現状は、民法のルールを知るために、体系書や解説書を読まなければなりません。これでは参照が容易なルールとは言えないでしょう。

†文章のわかりやすさ

まず、民法の文章をわかりやすいものにする必要があります。

法律の中には、たとえば税法（法人税法、所得税法等）のように、何より厳密さを第一にしなければならない法律があります。そこでは、ただ一つの解釈が紛れなく導けるように書かなければなりません。その代わり、読み手としてプロしか想定していませんので、その法律で定義された特別な用語を連発しながら、長い条文が、カッコ書きを頻繁に挿入しつつ続きます。条文は総務省が提供している法令データベースを使ってインターネットで容易に見ることができますので、一度ご覧いただければ、その「わかりにくさ」をすぐ理解していただけるでしょう。しかし、このような法律をもっとわかりやすく書けという声は聞きません。法律の目的が、国民一般にとってのわかりやすさより、プロにとっての厳密さにあることを誰もが了解しているからです。

会社法がわかりにくいと不評だという話は第1章で書きました。その理由としては、慣れの問題もあるのかもしれませんが、確かに、条文には新規に定義された用語が頻繁に使われ、カッコもしばしば挿入されて、税法のような印象を与えるのは事実です。仮に、会社法がユーザーとして想定している人たちが、この点をわかりにくいと感じるのであれば、やはり反省を要するといえるでしょう。

わかりにくさという点で会社法に負けていないのは、割賦販売法や特定商取引法です。いずれも厳密さの要求される法律ではあろうと思いますが、同時に、これらの法律は、代表的な消費者保護のための法律です。

割賦販売法は、分割払いで商品を購入する消費者にとって、ごく身近にあるべき法律ですし、特定商取引法は、もとの名称は訪問販売法で、これもまた、訪問販売、通信販売、それに電話で勧誘する販売方法などに適用される消費者保護法です。しかし、繰り返し改正されるたびに、内容が豊富になる反面文章はわかりにくくなっていきました。最近では、二〇〇八年にいずれも大きく改正されましたが、ますますわかりにくくなり、割賦販売法に至っては、「三五条の三の六一」などという数字まで出てきます。枝番号が二重に付いて、二段目の枝番号が六〇を超えているのです。

これらの法律の全体を消費者にもわかるように書くことが仮に難しいとしても、消費者にとって重要な規律については、もう少しユーザーフレンドリーな書き方ができないものだろうか、という印象を受けます。

では、なぜわかりやすく書けないのでしょうか。何世代にもわたって、優秀な人材が法律家として条文の起草に携わっている間に、日本人の特質なのかもしれませんが、厳密さの追求が自己目的化し、厳密だけれど必ずしも読み手を考慮していないような条文起草の技法も蓄積されました。法律の言葉の選び方、使い方、言い回しについて、これまでの経験の中でさまざまな伝統が確立しています。そのチェックを行なうのが内閣法制局ですが、素人っぽいけれどわかりやすい文章は、立法技術の伝統に抵触することが多く、そうであればまず内閣法制局を通りません。本当に民法の文章をわかりやすいものにするためには、やはり、どこかに発想の転換が必要になると思います。国民的な議論が望まれるところです。

ところで、法律家の中には、たとえ立法技術を工夫しても限界があり、そもそも法律の条文を一般国民が読んで理解することなど無理だし、読もうとする国民もいないだろう、だから専門家がわかっていればいいのだ、と言う人がいます（実際に私は何人かの弁護士からそのように言われました）。しかし、本当にそうでしょうか。第3章で紹介したEUの契約法統一の動きの中で、欧州委員会の依頼を受けて実現可能な契約法の作成を担当した専門家グループ（Expert Group）が、二〇一一年に報告書を出したことに触れました。その報告書は、欧州委員会から付託された作業項目について述べていますが、次のような項目があります。

「ユーザーフレンドリーで明快なテキスト
委員会は、専門家グループに対して、簡潔であるだけではなく、言語においても構造においてもユーザーフレンドリーで、必ずしも契約法の領域の専門家ではないであろう企業や消費者に、理解できかつ利用できるようなテキストを工夫するよう求めた。」

これが、現代の契約法を、それも、EU域内で広く用いられるであろう普遍性の高い契約法を、起草しようとする際のヨーロッパの意識でしょう。日本の法律家たちは、条文を読んでも民法のルールなど理解できない環境の下で、何も知らない素人と接することに慣れすぎてしまっているのかもしれません。

いま「法教育」の重要性が指摘され、まさに法化社会にふさわしい知識と意識を持った国民を育てるための教育的な努力が続けられています。一般国民など法律を理解できるはずがないと一部の法律家が嘯《うそぶ》いている間に、きちんと理解できるように条文を書けと要求する一般国民はすぐそこに育ちつつあるのです。

ちなみに、先にも触れましたが、一八〇四年のフランス民法の起草過程において、政府草案作成のためのコンセイユ・デタ（現在は一種の法制局兼行政最高法院ですが、当時は元首の諮問機関）での審議の際に、一〇七回の会議のうち五二回はナポレオン自らが主宰して、逐一口を挟んで自分にわかるように起草することを求めたといいます。日本の民法改正にも、わかりやすさを実現するためのナポレオンが必要なのかもしれません。

†確立したルールの明文化

わかりやすさのもう一つの意味が、確立したルール、とりわけ確立した判例ルールの明文化です。どこの国でも、法典ができて一〇〇年くらい経つと、判例ルールが法典の外に多数成立し、これを法典に取り込むための改正が必要となります。オランダ民法の改正の際も、ドイツ民法の改正の際も、そのことが指摘されていました。日本の場合は、もともと条文に書かれているルールが乏しいため、この必要性が極端に大きいことはすでに述べたとおりです。

もっとも、判例ルールの明文化と言っても、ありとあらゆる判例ルールを条文に書き込んだのでは、かえって煩《わずら》わしく、わかりにくくなります。条文化するのに適したルールを選択しつつ、適切な表現を考えていく必要があります。これは、現在進行している法制審議会の債権関係部会が果たすべき重要な役割の一つと言えるでしょう。

ただ、これまでの判例ルールの整理については、学問的にすでに十分蓄積がありますので、ルールの内容についてほとんど異論がなく、また、そのルールを明文化すれば有益であることについてもあまり異論がない、という判例ルールは多数存在しています。

また、判例ルールという必要もないほど自明のルールで、しかし、国民にとってのわかりやすさの観点からは明文化が望ましい、というものもあります。

たとえば、民法の第三編「債権」、第一章「総則」の第五節「債権の消滅」の冒頭に、第一款「弁済」が置かれていて、弁済についての規定が用意されています。ところが、その最初の条文四七四条は、「債務の弁済は、第三者もすることができる」という文章から始まります。本来、弁済というのは、債務者が債権者に対して約束した履行をすることにより債権を消滅させる行為です。しかし、その原則が書かれておらず、いきなり応用編の、債務者以外の者は弁済ができるか、という「第三者弁済」と呼ばれる問題から条文はスタートしているのです。

その理由として、弁済の規定が置かれているのが「債権の消滅」と題された節なので、弁済が債権の消滅原因であることがわかるはず、ということのようですが、それはあまりに不親切でしょう。ドイツ・フランスなどの民法には、弁済の原則も書かれていますので、やはりこのようなルールは、わかりやすく明文化したほうがよいと思います。

これらのあまり異論のない明文化の論点は数多いのですが、以下では、判例ルールの明文化の論点のうち、比較的異論の強いものを選んで、なぜ異論があるのかについて解説したいと思います。

†契約交渉の不当破棄

実際の事例をひとつ紹介しましょう。

> Yは賃貸用のオフィスビルの建築を計画していたところ、学習塾を経営するXがその一室を賃借したいと申し入れた。仲介者の示した契約条件に対してXは要望を述べたが、Yはそれに対して仲介者に特に意見を述べなかった。そこで、借りられると考えたXは、コンセントの位置や電灯の数などを指定し、これに対応した工事をY側の

建設業者が行なった。また、看板の取付金具の設置位置の変更はXが自ら費用を負担して行なったが、Yは格別異議を述べなかった。
こうしてXは賃貸借契約の締結に向けた準備行為をしていたが、契約の直前になって、ビル全体を一括して有利な条件で借りたいという申し入れをYが別の団体から受け、Yはこちらに貸すことにして、Xに賃貸しない旨を伝えた。

この事件は、東京高裁の平成一四年三月一三日判決の事案です。裁判所は、次のように述べてXに五〇万円の損害賠償を認めました。

「契約は、成立しなければ、当事者間に何らの債権債務関係も生じないものであるが、契約成立に向けた交渉の結果、当事者の一方が相手方に対し契約の成立についての強い信頼を与えたにもかかわらず、この信頼を裏切って契約交渉を一方的に打ち切った場合は、信義則上、一種の契約上の責任として、相手方が被った信頼利益の侵害による損害を賠償するのが公平に適するものというべきである。」

これが契約交渉の不当破棄に関する法理です。多くの下級審裁判例があり、最高裁もこの法理を認めています。

民法が前提としていた伝統的な契約観念は、合意の成立によってはじめて契約が成立し、そこから債権が発生して、当事者が義務を負うけれども、合意の成立までは法律上何ら権利義務関係は生じない、というものでした。しかし、これは契約締結に向けた交渉過程で当事者間に契約成立についての強い信頼が発生し、それに基づいてさまざまな準備行為のための費用を投下することがあるという現実にそぐわないものでした。

そこで、今日では、多くの国で、契約交渉が一定段階に達すると、信義則に反する形で交渉を破棄することは賠償責任を伴うという理解が一般的になっています。ドイツ民法やフランスの改正草案にはそれぞれ規定が置かれていますが、今日の比較法学のひとつの到達点を示していると思われるのが、ユニドロワ国際商事契約原則（二〇一〇年版）の規定です（ヨーロッパ契約法原則も類似の規定を持っています）。次のような規定です。

第2・1・15条（不誠実な交渉）

(1)　当事者は自由に交渉することができ、合意に達しなくても責任を負わない。

(2) 前項の規定にかかわらず、交渉を不誠実に行ないまたは交渉を不誠実に破棄した当事者は、相手方に生じた損害につき賠償の責任を負う。

(3) 特に、合意に到達しない意思を有しながら相手方との交渉を始め、または交渉を継続することは、不誠実なものとする。

日本の判例が認めているのも、これに対応するルールですので、世界標準のルールが国内で形成されている、と言ってよいでしょう。

しかし、このようなルールを明文化することに対しては、契約交渉の破棄が不当であるかどうかは個別の事案に応じて判断される事柄であり、一般的な規定を設けるのは困難だとの批判、規定を設けると濫用されるおそれがあるとの批判などがあります。

これらの批判を見て感じることは、やはりプロの法律家の観点でものを考えているということです。これらの批判の言わんとするところは、私にはよく理解できます。しかし、理解できるのは、私が契約交渉の不当破棄に関する判例ルールを知っていて、どのような場合に責任が肯定されるかは、事案によって微妙な判断が要求されることも知っているからです。

問題は、国民一般を名宛人とする民法に、このようなルールの存在そのものを書かなくてもよいのか、ということです。たとえ、書いたからといって、具体的な事件の解決がただちに導かれるわけではありません。しかし、このルールはすでに判例上確立した現行法であって、裁判所に紛争が持ち込まれれば、裁判官はこれを適用して紛争を解決しているのです。そのようなわれわれを規律している契約ルールの存在は、やはり民法の適用を受ける人（日本人にも限りません）が等しく知りうる状態を実現することこそが、わかりやすい民法のあり方ではないかと思います。

†情報提供・説明義務

契約締結過程で契約締結に必要な情報を集めることは、当事者それぞれの自己責任であるというのが、あくまで大原則です。しかし、情報の格差があるなどして、信義則上、一方が他方に対して情報を与える、あるいは説明をする義務があると考えられる場面があります。そういう場合に、必要な情報をきちんと与えていなければ、それによって生じた損害について賠償の責任が生ずることが判例上認められています。一般に情報提供義務とか説明義務と呼ばれています。この判例ルールを明文化してはどうかということが議論されています。

情報の格差を理由とする義務というと、消費者契約に特有の義務ではないかと言う人もいます。しかし、このような義務が認められる代表的事例のひとつがフランチャイズ契約に見られますが、これは事業者間の契約です。

たとえば、東京高裁の平成一一年一〇月二八日判決の事案は、クリーニング店のフランチャイズ契約に関するもので、「X（フランチャイジー）は、クリーニング業は全くの素人であったので、開業に当たっては相当多額の開業費用を要することなどからも、開業することに対する不安が極めて大きかったが、契約に先立ってY（フランチャイザー）から示された開業予定地に関する売上予測等の最終的な資料によっても、月四〇万円程度のオーナー手取額が得られるとされ、かつ、営業不振の場合には、営業権の本部移管まで約束されたため、本件契約の締結及び開業に至った」と裁判所は認定したうえで、Yの情報提供義務違反を認めましたが、その際、判決文は次のように言っています。

「一般に、フランチャイズ・システムにおいては、店舗経営の知識や経験に乏しく資金力も十分でない者がフランチャイジーとなることが多く、専門的知識を有するフランチャイザーがこうしたフランチャイジーを指導、援助することが予定されているのであり、フランチャイザーはフランチャイジーの指導、援助に当たり、客観的かつ的確な情報を提供すべき信義則上の保護義務を負っているものというべきである。」

ここで認められた情報提供義務の根拠は、情報や専門的知識が偏在していて、かつ、契約の一方当事者が相手方の合理的判断をサポートする信義則上の義務を負うような契約だという点にありますから、あらゆるフランチャイズ契約に妥当するわけではない半面、フランチャイズ契約だけに特有の義務ともいえません。

実際、同種の義務は、不動産売買の売主にも認められることがありますし、医療契約でインフォームド・コンセントの前提として要求される医師の説明義務も、この原則的ルールが特定の契約類型に特化して発展した例といえます。また、金融取引の場面においては、金融商品販売法三条が、金融商品(銀行預金からデリバティブ取引まで幅広い取引をカバーしています)の販売業者が説明義務を負うべき事項を具体的に明文で定めていますが、これも民法上の説明義務のひとつのカテゴリーを特別法で規律したものと理解することができます。

そこでおおもとの原則を、民法にきちんと明文で定めておくべきだとの提案がなされているのです。

比較法的には、情報提供義務や説明義務が最も明示的に議論されているのがフランスですが、フランス民法の改正草案の中では、「ある情報について認識しまたは認識すべきであった契約当事者は、その情報が他方当事者にとって決定的に重要であることを知っているときは、その情報を提供する債務を負う」という規定が提案されています（カタラ草案一一一〇条一項）。

もっとも、これだけでは広すぎるので、「ただし、この情報提供の債務は、自ら情報を得ることが不可能であった者、または、特に、契約の性質もしくは当事者の資質ゆえに、その契約相手方を正当に信頼することができた者のためにのみ存在する」という規定を並べて置き（同条二項）、さらに立証責任についても、「自らが情報提供の債務の債権者であることを主張する者は、問題となっているその情報を他方当事者が認識しまたは認識すべきであったことを証明する負担を負う。ただし、その情報を有する者は、自身の債務を履行したことを証明することにより、責任を免れる」という規定が置かれています（同条三項）。外国の民法の規定がいかに懇切丁寧な条文であるかをうかがわせる草案です。

日本では、外国法とは独立に、情報提供義務・説明義務が信義則上判例で認められていますので、あくまで国内の判例の明文化として改正が検討されています。しかし、これに対しても、批判があり、説明義務等の存否や内容は個別の事案に応じてさまざまなので、一般的な規定を設けるのは困難だとの指摘や、明文化すると濫用のおそれがある、との指摘がなされています。この批判に対しては、契約交渉の不当破棄のルールの明文化に対して投げかけられている批判について述べたのと同じことが言えると思います。

ただし、規定の仕方によっては、自己責任で情報を集めるべき場合についてまで情報提供義務があるかのような誤解を生じ、濫用が生まれる危険性があることは指摘されるとおりですので、フランス民法の改正草案をも参考に、濫用をできるだけ抑止できるような条文が工夫されるべきでしょう。

†不実表示

これまで解説してきた判例ルールは、判例が明確にルールを述べているものについての明文化でした。しかし、判例ルールの明文化の中には、判例は明示的にルールを述べていないけれど、判決が暗黙のうちに依拠していると思われる背後のルールを抽出して明文化することが提案されているものもあります。二つの問題をご紹介しようと思いますが、まず扱うのは不実表示と呼ばれるルールです。

消費者契約法四条に不実告知と不利益事実の不告知という規定があります。消費者保護のための契約の取消し原因として、重要な事項について不実の告知をした、あるいは重要な事項について利益になることだけを言って、不利益になることをあえて言わなかった場合に、事実を誤認して契約締結の意思表示をしてしまった消費者が意思表示を取り消すことを認めた規定です。

この消費者契約法四条の規定に書かれていることは、一般性のある法理なので、消費者という限定を外して、民法に一般法として入れてはどうかという提案を学者グループがしました。これを、消費者契約法の規定の一般法化と呼んでいます。これに対して、経済界からは、消費者保護のためのルールを事業者間契約にまで拡張するのは不当であると批判され、消費者保護にとりくむ弁護士からは、せっかくの消費者保護のルールが一般法化されると、消費者の不実表示を理由に事業者が取消権を行使することもできるようになり(これは逆適用と呼ばれます)、不当であるなどの批判が投げかけられました。

こうして、消費者契約法の規定を民法に移すのが是か非かというところにばかり焦点があたって議論されてしまったのですが、実は、ここで問題となっているのは弱者を政策的に保護しようというルールではありません。契約の際に相手方から提供された情報のうち、契約をするかどうかを判断するうえで重要な情報について誤りがあり、それによって生じた誤認に基づいて契約が締結されてしまった場合に、そのリスクをどちらの当事者が負担すべきか、という一般性のある問題です。その意味で、不実表示の法理は、べつに消費者契約法を持ってこなければ明文化できないというようなものではないと思います。

次の事案を見てください。

> A銀行が中小企業のB会社に融資を行なうことになり、この融資案件について、信用保証協会の保証をつけることとした。そこで、A銀行はB会社から提出させた書類をC信用保証協会に出して、それをC信用保証協会が審査し、C信用保証協会は、B会社の借金を保証するために、A銀行との間で保証契約を締結した。ところが、実は、B会社は、実態のない会社であり、実態があるかのように見せかけてA銀行から融資を受けた事案だった。

A銀行がB会社の詐欺にひっかかった事案ですが、C信用保証協会の保証は、銀行経由保証と呼ばれるタイプで、CはAの提供した情報に基づいて審査し、保証契約を結んでしまったのです。これは実際にあった事件で、A銀行は結局B会社から債権が回収できませんので、C信用保証協会に保証債務の履行を求め、これに対して、C信用保証協会は、錯誤を理由に無効の主張をしました。

錯誤について、民法の規定が不親切であることは第4章で説明したとおりです。この事案の錯誤は、契約の前提となった事実に誤認があった動機の錯誤です。実態のない会社に対する融資だとわかっていれば保証契約など結ばなかったのに、事実誤認があったために結んでしまったというわけです。

動機の錯誤がどういう場合に契約を無効にするのかについては、すでに述べたとおり、動機が表示され、法律行為（ここでは保証契約）の内容になっていると評価できる場合に、要素の錯誤にあたるならば無効の主張ができるとされています（九九頁参照）。ところが、この事件を扱った東京高裁の平成一九年一二月一三日判決は、Cの事実誤認が重要な事実に関するものであるという要素の錯誤の点だけ認定して、動機が表示されたかとか法律行為の内容になったかなどということは言わずに、簡単に錯誤の要件の充足を認めたのです。

その理由は、何と言っても契約の相手方であるA銀行から提供された情報によって事実誤認がもたらされたからだと思われます。

類似の判決はほかにもあり、これらの判決が前提としているルールは、動機の錯誤が相手の提供した情報によってもたらされた場合には、要素の錯誤の要件さえ満たせば錯誤を認めるというものであるように思われます。これはまさに、比較法上、不実表示の法理と呼ばれるものです。

†比較法

不実表示と呼ばれる法理は、もともと英米法に由来します。判例法国であるアメリカには、判例法を明文化したリステイトメントと呼ばれるルール集（法典のようなもの）がありますが、その契約法の部分には、不実表示についてのルールとして、「当事者の一方による同意の表示が、相手方による詐欺的または重大な不実表示によって誘引され、かつその表示を受領者が信頼するのが正当であった場合、その受領者は契約を取り消すことができる」というルールが書かれています（契約法第二次リステイトメント一六四条）。

他方で、最新のヨーロッパ大陸の民法であるオランダ民法を見ると、錯誤が相手方からの情報によるものであるときには契約の取消しを認めるという規定が置かれています（第六編二二八条一項a号）。ちなみに、日本以外の国では一般に錯誤の効果は「取消し」とされています。日本でも、契約の相手方を含め誰もが主張できる「無効」とは異質であることに異論がありませんので、意思表示をした本人のみが主張できる取消権とすべきだろうと思います。

さて、オランダ民法では、錯誤のルールのひとつのバリエーションとして、実質的に不実表示に対応するルールが認められていると理解することができそうです。また、ヨーロッパ契約法原則でも、錯誤が相手方から与えられた情報で惹起されたという要件があれば、ほかの要件は緩和して取消しを認めるという規定が置かれています。

これらの近時の先進的な契約法で認められているのと同様なルールが、日本でも、国内の裁判例の展開の中で事実上形成されていると思われます。しかも、注目されることは、先に挙げた日本の判決は、錯誤者に重大な過失があったときは錯誤の主張ができないという民法九五条ただし書きを使って、C信用保証協会がA銀行の情報を信じたことが許容されるかどうか、つまり自分でB会社についての調査をすべき義務がなかったと言えるか、について詳細な事実認定をしていることです。

不実表示の明文化に対する批判のひとつとして、契約に必要な情報は、本来自ら集めるべきであって、不実表示の法理はそのようなプロ同士の取引の大原則に反する、というものがあります。しかし、たとえプロ同士でも、取引によっては相手の提供した情報を一応信じることが許されるタイプの取引もあります。とりわけ必要な情報へのアクセスが相手のほうが容易な場合に、その相手の提供した情報を信じることが許されないとなると、アクセスの困難な情報を集めて相手の提供した情報が真実かどうかをいちいち確認しなければならず、経済的効率性の観点からいっても、合理的なルールとは思えません。むしろ、情報へのアクセスが容易な当事者に、提供した情報が誤っていたときのリスクを負わせるほうが、全体としてはより少ないコストで必要な情報を集めることができて、経済的にも合理的です。

日本の裁判所は、このような考慮を踏まえて、重大な過失という要件のところで、相手の提供した情報を信じてよい取引であったかどうかを詳細に認定したものと思われます。これは合理的な判断プロセスというべきですので、不実表示のルールを明文化する際には、この点の判断がきちんとなしうるような要件を工夫すべきでしょう。

いずれにせよ、不実表示に相当するルールが、錯誤に関する日本の裁判例の中ですでに形成されていると言えるのであれば、消費者契約法の一般法化という言い方ではなく、暗黙のうちに前提とされている判例ルールの明文化という形で、不実表示のルールを民法に定めるべきかどうかの議論が可能であるように思います。

†表明保証

不実表示のルールの明文化との関係で、実務界から提起されている重要な問題があります。

M&A（企業合併・買収）の実務では、契約の相手方が提供した情報が正しいことが何より重視されますので、不実表示に対して契約の取消権を認めることはそれなりの合理性を持ちます。しかし、重要な情報が誤っていたことが、契約の履行が終わってしまってから判明した場合、複雑な合併のプロセスを全部取り消してもとに戻すのは当事者双方にとってコストが大きすぎます。そこで、そのような場合は契約の取消しは認めずに、損害賠償で処理するという合意があらかじめ結ばれることが多いといわれます。このような合意は、アメリカでの用語に倣って表明保証と呼ばれています。仮に、不実表示のルールが強行規定として明文化されると、効果としての取消権を排除するこのような合意が無効となってしまうのではないか、という懸念が表明されているのです。

M&Aの実務に見られる表明保証の合意は、当事者双方にとっての無用なコストを回避するという合理性を持っているように思われますので、不実表示の明文化にあたっては、その合意の有効性を確保する方向での検討がなされる必要があるように思います。そして、それによって、現在は前述の錯誤のルールとの関係が必ずしも明確ではない表明保証の実務に、より明確な位置づけを与えることができると思います。

†債務不履行による損害賠償

債務者が債務を履行しないのは、債務不履行と呼ばれますが、たとえば、売買契約の売主が、履行期日に目的物を買主に引き渡さず、履行が遅れている、というのは、債務不履行のうちでも、履行遅滞と呼ばれます。このようなとき、買主は履行が遅れたことによって生じた損害（遅延損害）の賠償を売主に求めることができます。

ところで、この点について定めた民法四一五条は、「債務者がその債務の本旨に従った履行をしないときは、債権者は、これによって生じた損害の賠償を請求することができる」と定め、続けて、履行が不能になった場合について「債務者の責めに帰すべき事由によって履行をすることができなくなったときも、同様とする」と規定しています。「債務の本旨」というのは何ともわかりにくい表現ですが（債務不履行を表現するのにこのような言い回しをする立法例は外国にはありません）、要するに、債務者が契約で合意した内容の債務を履行しないときは、債権者は損害賠償請求ができる、ということです。そうであれば、そのように書いたほうがわかりやすいと、私は思います。

さて、ここでの問題は、履行遅滞の原因がいかなる事態であろうとも、売主は損害賠償責任を免れないのか、という点です。免責については、条文にルールは書かれていません。四一五条の後段は、履行不能について責めに帰すべき事由（しばしば帰責事由と略称されます）がないときには責任がないと言っているように読めますが、これは、帰責事由のない履行不能の場合には危険負担という別の制度が適用されるため、帰責事由がある履行不能についてだけ定めているのです。

では、履行遅滞について免責は一切ないのかというと、少し後に出てくる四一九条の三項に、金銭債務の不履行については、「債務者は、不可抗力をもって抗弁とすることができない」という規定があります。不可抗力、つまり、大災害が起きようが、戦争が起きようが、金銭債務の履行が遅れた責任は免れない、というわけです。この奇妙な規定については、第6章で改正の必要性について論じたいと思います。ただ、この規定を前提とすると、その反対解釈として、金銭債務以外の債務は、不可抗力による免責があると読むことができます。したがって、売主の履行遅滞についても、不可抗力があれば免責される、というのが民法の規律であることがわかるのです。

†条文に反する通説

ところが、伝統的な解釈論は、そのようには解してきませんでした。

私は旧司法試験の試験委員を長くやっていました。旧司法試験は、短答試験、論文試験、口述試験の三段階になっていましたが、その口述試験で、二つの関門を突破してきた受験生に「債務不履行による損害賠償請求はどのような場合でもできますか」と聞くと、受験生は必ず「債務者に責めに帰すべき事由がない場合には免責されます」と答えます。そこで「責めに帰すべき事由というのは何ですか」と聞くと、異口同音に、「故意、過失または信義則上これと同視すべき事由を言います」と答えます。「そんなことは条文に書いていませんね」と言うと、受験生は「過失責任主義が近代法の大原則なので、無過失の債務者は免責されるという解釈が通説判例です」と答えます。

これこそが、第4章で述べた学説継受による解釈論なのです。

帰責事由の定義を含め、以上の解釈は我妻栄の体系書に書かれていることで、この説は通説となり、判例もそういう言い方を使うものが少なくありません。この（条文と抵触する）解釈論は、ドイツ法に由来します。

一九世紀のドイツでは、過失がなければ責任を負わない、という過失責任主義が大原則であるとされていました。しかし、契約違反の損害賠償責任について過失責任主義を厳格に採用しているのはドイツだけです。他の多くの国では、過失がなくても、約束したことを守らなければ原則として責任を負うのです。例外的に免責が認められるのが、不可抗力のような場面です。日本の民法はまさにそのような考え方で起草されていました。

では、ドイツでなぜ過失責任主義がとられたのでしょうか。ある研究によれば、イギリスやフランスに比べて資本主義のスタートが遅れたドイツでは、資本家の自由な経済活動を促進しようという政策がとられ、一種の経済イデオロギーとして、過失がない限り責任を負わなくていいという過失責任主義が採用されたと言われています。

しかし、ドイツからの学説継受を担った学者たちにとって、当時の世界最新かつ最高水準のドイツ民法に明文化された過失責任主義は、まさしく近代法の大原則であったわけです。かつての日本では、民法の勉強は、まず近代法の三つの大原則を暗記するところから始まったと言われています。所有権の絶対、私的自治の原則、そして過失責任主義です。

近代法の大原則ですから、条文になくても当然に解釈で読み込まれるのです。

†判例の判断基準

では、実際に裁判では、債務者が自分には過失がなかったと言えば、契約違反の責任が免除されるのでしょうか。実は、履行遅滞について損害賠償責任を免責した裁判例は多くはありませんが、ゼロではありません。しかし、事案を調べてみると、その多くは、不履行の原因が不可抗力（予想外の戦争、動乱、大災害など）によって生じたか、債権者自身のせいで生じたか、あるいは第三者が介入してきて生じたという場合です。

たとえば、戦前の事件ですが、売主が目的物を海外から輸入して供給する予定であったが、輸出元の国で戦争が起きたために輸入ができなくなり、遅れてしまったとか、輸出元の国の港で輸出規制がかかって船が出航できないために、遅れてしまったというような事案です。また、戦後の例では、輸入する植物の種について、まったく予想外に、全量についての防疫検査が課されてしまったために履行が遅れたという事例があります。

これらの事案で、裁判所は、債務者としては為すべきことをしていたと認定して、だから過失がないという言い方をすることがありますが、それは通説の枠組みに従って判決が書かれているからであって、実際の判断基準が過失の有無にあると理解するのは大いに疑問です。過失というのは、債務者の行為態様に着目する概念です。たとえば、交通事故の運転者に過失があったかどうかを評価する際には、ある場面において運転者がどのような行動をとったかが問題とされます。医療過誤の事件の医師の過失も同じです。

しかし、約束した期日に商品を引き渡せないというときの免責は、債務者が何をしたかではなく、発生した事態が、契約の趣旨にかんがみて、「想定外」だったかどうかで判断されているのです。たとえ戦争が勃発しても、契約当事者がそれを想定して合意していれば、戦争は免責の理由になりません。そこで、このような判断の基準を、債務者に過失がない場合には免責されると表現するのは正しくないというのが、現在の学界の一般的な理解なのです。

債務不履行による損害賠償の免責事由をめぐっては、西洋から継受された民法の条文と、ドイツからの学説継受で形成された解釈論と、そして日本の具体的な事件を解決する中で形成された実際の判例の判断基準の三層のルールが存在しています。これは日本の民法の特質をとてもよく表していると言えるでしょう。

実際に裁判所で用いられている判断基準は、契約時には想定されていなかったような、契約の外にある事態が発生し、その結果履行ができなくなったといえるかどうかです。これを不可抗力と言うかどうかは少し微妙で、不可抗力というと、日本では戦争・動乱・大災害というイメージでとらえられますが、債権者の側に原因がある場合なども含みますので、一般に不可抗力と言われるものよりもう少し広いように思われます。

†契約観念の違い

そこで、今回の改正の機会に、実際の裁判で妥当している判断基準を、きちんとわかりやすく条文の中に書くべきではないか、という議論がなされています。その点について合意ができれば、あとは条文の言葉の選択の問題のようですが、ただ、それをめぐって、実務界と学界の契約観念の違いを浮き立たせることになった、たいへん興味深い論争がありますので、触れておきたいと思います。

実際の裁判所の判断基準をどのように表現するかについて、ある学者グループが、「契約において債務者が引き受けていなかった事由により債務不履行が生じたときには」免責されるという表現を提案しました。これに対して、実務界から強い批判が出されたのですが、そこで言われたのが、「契約で引き受けていたか引き受けていなかったかで決めることになると、何でもかんでも契約書に書かなければいけなくなる」「強い当事者は、あらゆるリスクについて、逐一引き受けていないと契約書に書き並べることになるのではないか」といったことでした。

このような批判が出たことを、私自身は、ひとりの学者として非常に興味深く感じました。「契約で引き受けていたか」という言葉を、実務家は、「契約書に書かれていたか」という意味で理解したのです。つまり、実務家にとって、「契約」という言葉は、まず契約書を連想させたのです。これは、前記の表現を提案した学者たちの理解とはずいぶん違います。しかし、「契約」というと、何かフォーマルなものを思い浮かべ、権利や義務の内容を契約に則して判断する、という発想を、取引の現実の中からフォーマルな部分だけを切り出すように感じた実務感覚は、もしかしたら、日本の契約観を端的に表しているのかもしれません。その点がとても興味深く感じました。

学者グループの言い回しの意図は、次のような例で理解することができます。

たとえば、ある物を引き渡す債務を負っている債務者がいたが、その債務者の子供が急に高熱を出して、重篤な病気の可能性があったので病院に連れて行かなければいけなかった。このために、引渡しが遅れてしまったという場合に、遅滞についての責任が免責されるかという事例を考えてみます。

この事例が、履行の期日が何月何日と決まっている大企業間の契約の事例であったとすると、担当者の子供が高熱を出したからといって、免責されることはないだろうと思われます。そのような事態は常に想定しうるので、代わりの社員を手当てできるようにしておくなど、それなりの対応をとっておくべきだからです。この事例が、午後二時からの手術で使う機材を手術に間に合うように病院に届けるという契約だったとすると、なおさら、免責はありえないと思われます。

しかし、個人どうしで、売主が持っているある小説家の作品全集一〇冊を売買するという契約をしたところ、持っていくと約束していた日に売主の子供が突然高熱を出したので、引渡しを明日にさせてくれと買主に頼んだ、という事案ですと、それによって仮に買主に多少の不便が生じそれを損害と評価できたとしても、まあ仕方がない、と受け入れるのが通常でしょう。仮に買主が強硬な人で賠償を求めたとしても、売主は免責されてしかるべきだと感じる人は多いのではないかと思います。

この常識的な直感はどこから来るのかというと、要するに、そのような取引で、子供の発病というリスクをどちらが引き受けるべきかを考えているのだと思います。企業間の取引で子供が熱を出すかどうかというようなことは、債務者の側がそのリスクを引き受けているはずだし、病院の手術で使う重要な機器なら、たとえ途中に交通事故による渋滞があったとしても免責されないだろう、とわれわれは感じます。リスク分配についてのこの常識は、当該取引がどのような趣旨でなされているのかについてある程度常識を働かせて推測ができることから生まれてきます。これは、まさに常識を働かせて、「契約において債務者が引き受けていなかった事由」かどうかを判断しているのです。

契約でどこまでのリスクを引き受けたかは、もう少し専門的に言えば、契約の性質に応じて、「契約の解釈」として導かれます。そして、日本の裁判所が行なってきた「契約の解釈」はたいへん柔軟なもので、そこでいう「契約」とは契約書のことではありません。「契約の解釈」においては、契約書に書いてあるかどうかは決定的なことではなく、その契約をした当事者の属性（企業か消費者かなど）、あるいはその契約がされた取引社会の常識や慣行、契約の交渉過程の経緯、等々のあらゆる事情を総合考慮して、債務者が引き受けるべきリスクであったかどうかということが評価されます。M&Aのような法律専門家を動員したプロの企業同士の契約であれば契約書のウェイトが当然大きくなりますが、ろくに契約書のない取引もたくさんありますし、契約書は作るけれど実際にはあまりその文言に重きを置いていないという取引も少なくありません。そのような事情も含めて、「契約の解釈」がなされるのです。学者が理解している「契約」とは、通常、このような契約の解釈を経たあとのものです。

ところで、第3章で出てきたウィーン売買条約の七九条に、債務不履行責任に関する免責事由についての規定の一つの例を見つけることができます。同条は、「自己の義務の不履行が自己の支配を超える障害によって生じたこと及び契約の締結時に当該障害を考慮することも、当該障害又はその結果を回避し、又は克服することも自己に合理的に期待することができなかったことを証明する場合には、その不履行について責任を負わない」と定めています。いかにも原語の英文の直訳ふうの条文ですが、ニュアンスは理解していただけるでしょう。結局、日本の判例もウィーン売買条約も、免責基準の実質はあまり違わないわけで、あとはどう表現するかの問題だろうと思います。

第6章

民法の現代化

†現代化とは

契約法改正を法制審議会に諮問した諮問第八八号は、国民一般にわかりやすいものとすることと並んで、「制定以来の社会・経済の変化への対応を図」ることを改正の目標に掲げています。これが、民法典の現代化です。民法典が制定された一八九六年頃と比べて、経済の規模も産業構造も大きく変化しましたが、それは取引の実態にも当然影響を与えます。民法典の条文の外に形成されたルールを条文に盛り込むことを超えて、新たな時代に適応できる契約法へと修正することが要請されています。

現代化の課題は、大きく三つに分けて考えることができます（以下に挙げる具体例については、いずれも詳しくは後述）。第一に、明らかに時代に合わなくなった民法の規定を現代化するという課題。その例としては、消滅時効、法定利率などを挙げることができます。第二に、民法典が起草された時代には存在しなかった現象に対応するための新たな課題。その例としては、約款、サービス契約や銀行取引契約などの新しい契約形態を挙げることができます。第三に、東日本大震災に象徴されるように、自然災害の多い日本に適した民法にするための課題。

現代化の課題はこれらに尽きるわけではありませんが、代表的なものとして、以下、これらの課題について解説することにします。

1　消滅時効

†消滅時効制度の現代化

契約から生ずる債権は、長い間行使せずに放置していると、もはや権利の行使ができなくなります。消滅時効といわれる制度です。時効には、犯罪行為から長い時間が経過したときにもはや罪に問えなくなるという公訴時効と呼ばれる制度や、他人の不動産でも長期間自分の物として使用し続けていると所有権を得ることができるという取得時効といった制度などがありますが、ここで扱うのは債権の消滅時効という制度です。

民法は、「債権は、十年間行使しないときは、消滅する」と定めています（一六七条）。これが原則的な時効期間とされているのですが、実はこれには多数の例外が定められています。とりわけ特徴的なのは、さまざまな職業に関する債権について、細かな短期の時効期間が定められていることです。

たとえば、「旅館」の宿泊料、「料理店、飲食店」の飲食料などは時効が一年とされます。飲み屋のツケは一年ほったらかしにするとチャラになるのです。他方で、「生産者、卸売商人又は小売商人」が売却した産物や商品の代金債権は、二年の時効にかかります。しかし、飲食店と小売店でなぜ差があるのか、合理的な説明は不可能です。また、医師の診療債権などは三年、弁護士の職務に関する債権は二年、などという規定もあります。これらを定めている条文（一七〇条〜一七四条）の中には、「貸席」とか「娯楽場」などという日常あまり使わない用語も出てきますが、二〇〇四年に現代語化される前は「産婆」「棟梁」「居職人」「師匠」「木戸銭」などという用語も出てくる古風な条文でした。

なぜこのように職業や債権ごとに事細かな時効期間を定めなければならないのか、まったく理解できません。これらの規定は、旧民法を経由してフランス民法に由来していますが、フランス民法の規定も、合理的な理由に基づくというより、一八世紀までのフランスの古い慣習に由来するものといわれます。かつての職業差別が背景にあるとも言われ、もはや維持する必要はないと思われます。すでにフランスでも二〇〇八年の民法改正で整理統合してしまいました。

これらの短期消滅時効制度と呼ばれる民法上の制度とは別に、商法には、「商行為」によって生じた債権は五年の消滅時効にかかるという規定があります（商法五二二条）。「商行為」とは何か、にまで立ち入るのは複雑になりすぎるので避けますが、要するに商売から生じた債権（商事債権と呼ばれます）は、法令で五年より短い時効に服すると定められているもの以外は、五年の時効にかかるのです。たとえば、銀行の貸付債権の時効期間は五年です。

もっとも、信用金庫の貸付債権は民法の原則どおり一〇年の時効に服します。その理由は、信用金庫は互助組織なので、商法上の「商人」ではないからです。しかし、この区別は、一般の常識に反するでしょう。商法によると信用金庫、信用組合、農業協同組合、漁業協同組合などは、みな互助組織で商人ではないとされていますが、いずれもプロの事業者であり、小さな小売店が商人とされるのとバランスを失していると思います。つまり、商法の「商人」概念がすでに時代に合わなくなっているのです。実は、日本の商法はドイツ法を継受したものですが、ドイツではすでに商法を改正して、商人概念を飛躍的に拡大しました。日本でも、早晩立法課題になることでしょう。

ただ、ここで指摘したいのは、そのことではありません。商事取引から発生した債権について一律に五年という特別な消滅時効が定められている、という点です。実は、日本の商法典の母法国であるドイツでさえ、商事債権について一般的に特別の時効期間を定めるということはしておらず、この点は日本独特です。問題は、このような区別を維持して、商事債権を含め、債権の種別ごとに異なる時効期間を維持する必要が本当にあるのか、ということです。仮に、そのような実務的必要性があまりないのであれば、消滅時効制度を単純化することで、債権管理の効率化を図ることができるでしょう。

その際、原則期間の一〇年に一本化するという選択肢も、論理的にはありますが、多くの債権がすでに五年以下の消滅時効期間に服してきたことを考えると、長すぎるという印象があります。それに、国際的には、消滅時効期間の短期化が大きな流れになっています。

†時効期間の国際潮流

日本民法の母法国であるドイツやフランスでは、債権の時効の原則期間は、もともとは三〇年でした。一般にヨーロッパ大陸では三〇年というのが歴史的に原則期間となってい て、日本も、ボワソナード草案や旧民法の時点ではそうでした。しかし、現在の民法を起草するときに、三〇年は長すぎるということで一〇年にしたという経緯があります。

そのドイツでは、二〇〇一年に債務法を抜本改正したのですが、そのときに時効法も変えて、原則的な期間を三〇年から三年に、つまり一〇分の一に短縮しました。

ただし、三年の期間が始まる時点（起算点）は、理論上権利が発生した時（これが日本の場合の起算点です）ではなくて、実際に権利行使が可能になった時（これを主観的起算点と呼びます）とされています。そうなると、買主が売主の契約違反に気がつかず、損害賠償の請求ができることも気づかなかった場合のように、債権者が権利行使が可能であることを知らない限り、いつまでも時効期間が走り出さない可能性があります。これでは法律関係が長期間安定しません。そこで、客観的な起算点、つまり権利が発生した時から一〇年という時効があわせて定められました。

フランスでも、もともと債権の時効は原則三〇年だったのですが、これが二〇〇八年の改正で五年になりました。原案は三年だったのですが、お隣のドイツと同じ期間になるのを嫌ったのか、最終的には五年となっています。なお、フランスも、起算点は債権者が権利行使ができる事実を知った時、または知るべきであった時です。そこで、ドイツと同じ理由から、客観的起算点から二〇年という時効期間をあわせて規定しています。

ヨーロッパでは、以上のような短期化された時効期間とは別の、職業ごとの時効は廃止されましたが、人身損害についての損害賠償債権のように保護の必要性の高い債権については、長期の時効期間の特則を置くという例が、ドイツにもフランスにも見られます。

このように、ヨーロッパでは、消滅時効の原則的な期間を短縮する傾向がありますが、この傾向は、ヨーロッパだけではありません。ウィーン売買契約とセットになった、国連の時効条約と呼ばれる条約がありますが（日本は批准していません）、ここでは時効期間が四年になっています。ですから、時効期間が三、四、五年あたりに収斂《しゅうれん》しつつあるというのが、現在の国際的な状況なのです。

†時効期間のあり方

細かな短期消滅時効制度を整理したあとで、原則的時効期間をどのように考えるべきか。これを判断する際に考慮に入れるべきこととして、国際的な法統合の流れがあります。第3章で述べたとおり、市場が国境を越えて広がると、そこに適用される契約法も、国境を越えて共通化することが求められます。なかでも、消滅時効制度は、国際的な整合性が求められやすい制度だといえます。そのことは、消滅時効について国際条約が作られていることからもうかがえます。

実際問題として考えても、たとえば、ある商品が、輸出業者Aから他国の輸入業者Bに販売され、Bからさらに国内の業者Cに販売されたとします。Cのところで製品へのクレームが生じ、通常なら、CからBへ、BからAへと契約上の責任が追及されることになります。ところが、Cはそのまま放置していて、九年経ってから突然Bに責任追及をした。それが認められるなら、BはAに責任追及したいわけですが、ABの国際取引に適用されるルールがAの国のルールであって時効期間が三年だったとすると、もはやBはAの責任を追及できません。このように国によって大きく時効期間が異なると、グローバルな取引をするうえで、国際取引に携わる事業者が思わぬリスクを抱え込むことになりかねないのです。

私は、消滅時効制度に限らず、日本の民法を改正するにあたって、理由もなく国際的潮流にあわせるという発想はとるべきではないと考えています。しかし、契約法は国際的に共通化の波が押し寄せる領域であることは間違いありませんから、日本が採用する制度は、国際標準として通用するものであるべきだとも思います。つまり、世界はどうあれわれわれはこれでいい、という発想は、まさに日本の契約法のガラパゴス化につながるもので、とうてい将来維持できるものではありません。世界は日本の改正民法をモデルとすべきだ、という発想でルールを作るべきなのです。

その意味では、時効期間についてどのような原則を採用するにせよ、国際的に合理性を説得できるだけの理由を備えた改正であるべきです。国内の声の大きな利害関係者間の妥協で、国際的に通用しない制度を採用してしまうと、あとに禍根《かこん》を残し、結局、グローバル・スタンダードにあわせるだけというみっともない改正を次世代の日本国民が強いられることになると思います。

†不法行為による損害賠償債権

債権一般の消滅時効制度の改正とあわせて検討すべき問題として、不法行為による損害賠償債権の時効ルールがあります。故意や過失で他人に損害を与えた場合に、不法行為による損害賠償責任を負います。つまり、不法行為からも債権が発生するのです。この債権について、民法は、消滅時効の特則を置いています。すなわち、被害者が「損害及び加害者を知った時から三年間行使しないときは、時効によって消滅する」。さらに続けて、「不法行為の時から二十年を経過したときも、同様とする」と規定しています（七二四条）。

このうち、三年の時効は、起算点がいわゆる主観的起算点になっているところが一般の債権の消滅時効と異なります。それにしても、債権の中で最も保護に値する債権である不法行為による損害賠償債権について、これまで一〇〇年以上もこのような短期の消滅時効期間が維持されてきたことは、取引上の債権について一〇年という原則的時効期間を維持することが、バランスを失しているのではないかという疑念を引き起こす事実といえるでしょう。

ところで、ここで提起したい問題は、もう一つあります。それは前記の二〇年という期間の性質です。条文の文言からは、「同様とする」とありますから、「時効によって消滅する」と考えるのが自然です。ところが、従来の解釈論は、二〇年は時効ではない、と解してきました。その理由は次のとおりです。消滅時効は、権利者が訴えを提起するなど権利の行使をすると、それによってそれまでに進行した時効期間をリセットすることが可能です。これを「中断」といいます（ゼロに戻るリセットを「中断」と呼ぶのは歴史的沿革によりますが、用語として不適切で、これも今回の改正の論点の一つです）。

ところで、二〇年を時効と解すると、その間に中断を繰り返すことによってさらに時効期間を延ばすことが可能になります。しかし、二〇年を超えて権利関係を不安定なまま存続させることを認めるのは、二〇年という長期の限界を定めた趣旨にそぐわない、といえそうです。そこで、この二〇年は、中断による延長などの認められない厳格な権利行使期間と解するべきだ、とされてきたのです。このような期間のことを、除斥《じょせき》期間といいます。つまり、二〇年は除斥期間であると解するのがこれまでの判例・通説とされてきたのです。しかし、いまではこれに対して、強い疑念が投げかけられるようになっています。そのきっかけとなったのが、次の事件です。

†不発弾爆発事件

戦後間もない時期に、鹿児島の男性Xが、山林中で発見された米軍の不発弾の処理を手伝ってくれと巡査から依頼され、地元消防団の人びととともにボランティアで手伝っていたところ、巡査の不注意から不発弾が爆発しました。その結果、Xは大火傷を負い、半年の入院加療で命はとりとめたものの、「顔面全体の瘢痕、高度の醜貌、左無眼球、右眼視力の極度の低下、両耳の難聴、瘢痕性萎縮による左肘関節の伸展位の固定等の後遺症」(判決文)が残りました。

そこで、役所を回って、国の仕事を手伝って負傷したのだから補償してほしいと求めましたが、たらい回しにされた挙げ句にわずかな補償金しか得られませんでした。その後、一般人でも国を訴えられることを知り、国に対して損害賠償を請求した時には事故発生から二八年と一〇カ月が経過していました。

請求の根拠は、国家賠償法という法律ですが、時効については民法の規定が適用されます。そこで、国側は、二〇年の除斥期間が経過していると主張しました。これに対して、Xは、この事件で除斥期間を援用するのは信義則違反であり、権利の濫用だと主張しました。

さて、この事件で福岡高等裁判所は、二〇年を消滅時効と解すべきだと判断し、事故に関する責任の所在を不明確にする調査書が国側によって作成されたことなどを指摘して、本件で消滅時効を援用することは、信義則に反し権利の濫用として許されないと判示し、Xを勝たせました。

ところが、最高裁判所は、二〇年を除斥期間としたうえで、時効は当事者が援用しなければ、裁判所は裁判で適用することができないと民法に定められているけれど（一四五条）、除斥期間は当事者の主張を待たずに裁判所が職権で判断できることなので、除斥期間の援用が信義則違反、権利濫用であるというのは、「主張自体失当であって採用の限りではない」と述べてXの請求を棄却したのです（最高裁平成元年一二月二一日判決）。

これはたいへん悲惨な事件で、判決の結論は妥当性を欠くように思われましたが、それとともに、判決文の「主張自体失当」という表現は、あまりに冷たいという印象を与えました。法律家としては当たり前の表現なのかもしれませんが、気の毒な原告に対する人間としての情が感じられなかったのです。この判決を契機として、学界は、除斥期間説から消滅時効説に一気に流れが変わりました。そのことは裁判にも影響を与えたと思われます。

†新たな判例の流れ

その後、平成一〇年六月一二日に新たな最高裁の判決が出ました。集団予防接種で知能の発達が止まってしまうという障害を受けたXが、その後二二年経過してから国に対して損害賠償を請求する訴訟を提起しました。先の平成元年判決を適用すれば、「主張自体失当」として原告敗訴になるところです。ところが、最高裁はこれを救済したのです。

その際使われたのが、時効の「停止」に関する規定です。民法は、時効期間の満了にあたって、法律が定める特別な事情があるときに、一定期間時効の完成を遅らせる「停止」という制度を用意しています。そのひとつである民法一五八条は、成年被後見人や未成年者に法定代理人がいない場合に、代理人がいない状態で時効期間が経過したときには、代理人が選任されてから六カ月間が経過するまでは時効は完成しないと定めています。

しかし、これは時効の規定ですから除斥期間には適用されないはずですが、最高裁は、この一五八条の「法意に照らし」、除斥期間の経過後になされた本件の訴えも、Xに法定代理人が選任されてから六カ月以内に訴えが提起されている点をとらえて、適法とする判断をしたのです。

それに続いて出たのが、平成二一年四月二八日の最高裁判決です。小学校の教師をしていた若い女性Aが、その小学校に警備員として勤務していた男Yに殺され、Yは、Aの遺体を自宅の床下に埋めました。一方、被害者の家族Xは、Aが突然いなくなったので、捜索願を出して探しましたが見つからず、失踪状態ということでそのまま年月が過ぎていきました。

その間Yは、自宅の周りにブロック塀を高く張りめぐらし、監視カメラを備えつけて、外から中が一切うかがえないようにして住んでいたのですが、やがてYの家が土地区画整理事業の施行地区に入りました。Yは売渡しに抵抗しましたが、ついに抵抗しきれず手放さざるをえなくなりました。そこで、Yは、再開発で土地を掘り返されると骨が出てきて、これを鑑定されると自分の犯行がばれてしまうと観念し、事件後二六年が経過した後に警察に自首したのです。そこではじめてXはAの死亡を知り、Yを相手に不法行為に基づく損害賠償請求の訴訟を起こしました。

この事件で、最高裁は、今度は民法一六〇条という時効の停止の規定を利用しました。同条は、相続財産に関して、相続人が確定した時から六カ月を経過するまでは時効は完成しないという規定です。この事件は、二六年前に死亡した時点でAの相続が開始しているはずですが、相続人Xは、二六年後にYが自首し事件が発覚してはじめて死亡を知ったので、その時に相続人が確定したといえ、一六〇条を適用すればそこから六カ月間は時効が完成しないということになります。そこで、最高裁は、民法一六〇条の「法意に照らし」Xを救済するという判決をしました。

この平成二一年判決に田原睦夫裁判官の意見が付いていまして、その中で田原裁判官は、「私は民法七二四条後段の規定は時効と解すべきと考える」と述べたうえで、「現在、法務省において債権法の改正作業が開始されているところ、時効制度の見直しに当たっては、かかる観点を踏まえた見直しがなされることを望む」と書かれています。

このように、民法七二四条の二〇年については、除斥期間と解する判例が破綻をきたし、次々と例外が認められて、ついに最高裁判事から、改正を望む意見も出るという状態になっているのです。やはり今回の見直しの対象に入れるべき論点というべきでしょう。

2 法定利率

†法定利率

当時広く報道された有名な事件を紹介します。

東京証券取引所に新たに上場された株について、みずほ証券が六一万円で一株を売るべきところ、誤って一円で六一万株を売るという入力をコンピュータにしてしまいました。その結果、みずほ証券には約四〇〇億円の損害が発生しました（半面、二〇億円を超える利益を上げた個人トレーダーも生じました）。この事件はその後訴訟に発展します。みずほ証券が、注文の取り消しが東証のコンピュータ・システムの不具合でできなかったことなどが損害発生の原因だと主張し損害賠償を求める訴訟を起こしたのです。

第一審の東京地裁では、約一〇〇億円の支払いを東証に命ずる判決が出されましたが、双方が控訴して東京高等裁判所で争いが続いています。東京証券取引所の取引参加者規程には、「取引参加者が業務上当取引所の市場の施設の利用に関して損害を受けることがあっても、当取引所は故意又は重過失が認められる場合を除き、これを賠償する責めに任じない」という条項があったこともあり、東証は責任を否定しているのですが、ここで注目したいのは、それにもかかわらず、一審判決後に東証がみずほ証券側に一三〇億円余りを仮払いしているという事実です。

その理由は、仮に敗訴になった場合、損害賠償責任を負う側は、履行遅滞に陥ったときにさかのぼって法定利率による遅延損害金の支払いを義務づけられるのですが、その法定利率が、民法では年五パーセント、商事債権については商法で年六パーセントと定められており、損害賠償額にこれらの利率が適用されることになるためです（たとえば、民法上の不法行為責任なら年五パーセント、商行為である契約の違反を理由とする損害賠償では年六パーセントが適用されます）。現在の金利の情勢では、年五パーセントや六パーセントでの運用は至難です。それにもかかわらず当然にその支払いを義務づけられるのではたまらない、というわけで、とりあえず支払っておくわけです。

他方で、仮に一審判決が控訴審で覆って東証に賠償責任がないという判決になったとしますと、今度はみずほ証券が受け取っている一三〇億円余りの金銭に法定利率による利息を付けて返すことになります。どちらにしても、本来の賠償金とは別に、利息の支払いがあまりに高額になります。この法定利率の趣旨が、本来は、支払うべき賠償金、あるいは返還すべき金銭を保持していることによって得ている利得を清算するという点にあることを考えると、現実の運用が不可能なほどの高い利率で利息が発生するのは不自然というほかありません。実際、一般に損害賠償をめぐる訴訟が起きると、賠償金が得られそうな当事者は、裁判が長期化したほうが有利になりますので、引き延ばしへのインセンティブさえ与えかねません。

では、なぜ年五パーセント（商事債権については年六パーセント）という法定の利率が定められたのでしょうか。もともと、この利率は、日本の当時の金利も参考にしたといいますが、同時に、ヨーロッパの民法典の例に倣ったとされています。その後、市場の一般金利が法定利率より高い時期も長かったのですが、経済の低成長期に入ってからは、市場金利は法定利率よりはるかに低い状態が続いています。もちろん、五パーセント、六パーセントでも、意図的に履行を怠っている債務者に支払わせる遅延損害金の利率としては決して高すぎることはないでしょう。しかし、ある金銭を不当利得として過去の時点にさかのぼって利息を付けて返す、といった場面では、およそ現実的に運用可能性のない高い利率を支払わせるのは不合理です。

そこで、これをもう少し現実的なものにする方法としては、法定利率を何らかの指標に連動する変動制にして、年に一回とか二回改定するという方法が考えられます。実際、海外では、変動制を採用するところが増えています。

ただし、ある法律関係に適用される法定利率が途中で変わるのは煩わしいことですので、特定の法律関係に適用される法定利率そのものは固定するけれど、その固定の法定利率を年に一回か二回改定をする、という案が学者グループの改正案として提案されています。法定利率が用いられる法律関係のすべてにおいて一律の利率でよいかどうか、といった点も含め、今後、経済の専門家も交えて検討を深めることが期待されます。

†中間利息

法定利率を考える際に考慮に入れておかなければならないのが、中間利息の控除という問題です。たとえば五年後に期限が来る一〇〇〇万円の債権について、現在の時点で弁済するという場合、現時点で一〇〇〇万円を債権者が受け取ると、五年後まで債権者はそのお金を運用できてしまうので、そのぶん利益を得ることになります。そこで、現時点で支払うならその間の利息相当額（これを中間利息といいます）を控除すべきです。たとえば、債務者の不動産が強制執行で売却されるというとき、期限前の債権を持っている債権者も配当を受けることができますが、中間利息が控除されます。

このとき利息の計算に使われるのが、法定利率です。しかし、昨今、法定利率のような高利で運用することは現実には至難ですので、法定利率で中間利息を控除すると、控除される額が大きすぎて、債権者が不当に不利に扱われることになります。そこで、この点も改めるべきですが、ただ、少し難しいのは、中間利息の控除に使われる利率は、将来の利率ですので、たとえ変動制に移行したとしても、現実の利率から乖離するリスクを常にはらんでいることです。

この点の問題性がより顕著に顕在化するのが、逸失利益の賠償と呼ばれる問題です。たとえば、一〇歳の子供が交通事故で死亡したとき、被害者の相続人（親など）は加害者に対して、死亡した子が天寿を全うしたときに得たであろう収入から予想される生活費を控除した金額（逸失利益といいます）の賠償を請求できるというのが日本の判例です（ただし民法の条文は何の手がかりになる規定も置いていません）。

しかし、このような逸失利益を算定することは、もはや実現する可能性のなくなった未来の話ですので、事実上不可能です。そこで、子供が高卒（親の学歴などによっては大卒）で就職すると仮定し、六七歳まで平均賃金相当の収入を得ると仮定し、生活費はその三割程度と仮定し（かつては五割とされたこともありました）、その金額から法定利率による中間利息の控除を行なう、という算定方法が使われるのが通常です。かつては、女の子については女子の平均賃金を用いたため、幼児が死亡した場合も男か女かで差が生じ、問題となっていましたが、その後は男女合わせた全労働者の平均を使う方向になっています。

さて、逸失利益の算定で用いられる法定利率が、仮に変動制の導入で大きく引き下げられたと仮定すると、賠償額の総額は、適用される利率の変更だけを理由に大きく増加する可能性があります。そこで、そのような激変をもたらさない工夫をすべきだという議論があり、中間利息控除に用いられる法定利率は、現状で据え置くか、または変動制にするとしても、過去三〇年程度の平均値を基準にすべきだなどの提案がなされています。

この点は今後さらに議論されるでしょうが、少なくとも逸失利益については、このような仮定の上に仮定を置くような不自然な算定方法自体に問題があります。外国には見られない日本独特の算定方法ですが、金額は大きく変えずに、賠償は慰謝料に一本化するなど、もう少し合理的な手法が検討されるべきだと思います。ただ、この点は、主として不法行為法で問題となるので、今回の契約法を中心とする改正の論点とはされていません。なるべく近い将来、この点も含めた不法行為法の改正が望まれます。それまでは、現在の逸失利益の算定方式を前提としたうえで、法定利率の改正が賠償額の激変をもたらさないような工夫が模索されるべきでしょう。

3 約款

†約款とは

取引が一対一の合意から、一対多数へと拡大すると、契約にも新たな現象が現れてきます。たとえば、保険というビジネスの登場です。運送途上の商品の盗難や破損に備えるための損害保険や、一家の大黒柱が突然死亡した場合に備える生命保険は、同じようなリスクを抱える多数の人びとの間にリスクの顕在化によるコストを分散する仕組みということができます。この仕組みが機能するためには、保険商品の提供者（保険者）は、同じような条件で多数の相手方（保険契約者）と保険契約を締結する必要があります。つまり、個々の保険契約者と契約条件を交渉してバラバラに決めていたのでは、保険という仕組みが機能しなくなるわけです。そこで、細かな付随的条件が書かれ画一化された契約書が使われます。これは保険約款と呼ばれます。

同じような約款は、電気・ガスなどの公共的なサービスの提供契約についても必要となります。この種の契約で、個々の顧客ごとに契約内容を交渉しバラバラに決めていたのでは、安定したサービスの提供ができなくなるからです。鉄道、航空、バスなどの公共交通機関の利用契約も同じです。これらの契約は、いちいち契約内容を交渉してバラバラに決めるのが煩わしいからではなく、提供されるサービスの性質からして、個々の顧客ごとにばらばらの条件で提供するのでは、安定したサービス提供ができなくなる、という性質を持っているのです。

こういった契約で使われる約款は、個々の契約が結ばれる際に（新居で電気会社と契約をする際、鉄道に乗車する際、など）、いちいち契約内容についての交渉はなされず、そもそも通常の顧客は、細かな契約内容が書かれた契約書を読むこともありません。

しかし、そうなると、いざトラブルが生じたときに、顧客が予想もしなかったような不当な契約条項が入っているという事態も生じえます。通常の契約は、契約条件を交渉し、そのうえで合意することにより、契約内容の合理性が担保されます。言い換えれば、当事者が合意したという事実から、納得して契約したのだから、内容は合理的なものなのだろうと推定できるわけです。しかし、以上に挙げたような契約で使われる約款は、そもそも交渉の対象にならないのですから、内容の合理性は、当事者の合意によって担保されることがないのです。

そこで用いられる手法は、国が介入して、あらかじめ契約内容についてコントロールしておく、という方法です。保険については保険業法により免許を受ける際に約款も審査の対象となっていますし、電気については電気事業法が、ガスについてはガス事業法がそれぞれ約款に認可を要求しています。このほか、貨物自動車運送事業、航空運送事業、一般旅客自動車運送事業（バスなど）、旅行業等々、数多くの事業で約款に認可が要求されています。

†約款の拡大

しかし、約款が用いられる契約は、公的な規制が及んでいるものばかりではありません。大量に同じ商品やサービスを提供する事業では、多数の顧客との法律関係をコントロールする必要上、事業者は約款を用います。個別の顧客との契約条件の交渉などしていたのでは、ビジネスとして成り立たないからです。それらの一般の取引で用いられる約款に、いちいち公的規制が及んでいるわけではありません。

多くの顧客と契約を結ぶために、目的物、価格、納期などの契約の中心部分はともかく、周辺的な条件についてはできるだけ画一的な条件で締結する必要のある取引は、さまざまな領域に見られますが、とりわけ近年著しく発展したのが、ネット取引です。

インターネットでソフトウェアなどをダウンロードする際に、小さな窓に契約条件が表示され、「同意します」「同意しません」の選択を迫られ、同意するというボタンをクリックしないことには先に進めないので、契約条件など読まずに同意をクリックした経験のある人はたくさんおられると思います。これが典型的なネット契約の約款ですが、このほか、パソコンなどの画面の端に「利用規約」などの約款へのリンクが置かれていて、それをクリックすると約款を見ることができる場合もあります。

また、店舗での契約でも、約款が必ずしも見える場所に備えられていない取引はいくらもあります。

†約款問題の新しさ

約款は、一九世紀の末にできた日本民法典の知らない現象です。約款という現象そのものが一九世紀になかったわけではありませんが、約款という概念が現れ、そしてそれをめぐる問題点が盛んに議論されるようになったのは、特に二〇世紀中葉以降のことですから、民法典は約款という概念を知りません。そこで、新たな対応が必要ではないかということが議論されています。

最大の問題は、交渉せず、読んでもいない契約条件が、どうして契約の内容になって拘束するのか、という点でした。契約は、契約内容について合意が成立することで初めて拘束力が正当化できるはずだからです。しかし、この点に疑義があるからといって、約款は契約内容にならない、という結論を一般的に認めるわけにはいきません。それでは経済活動も市民生活もできなくなってしまいます。電気供給契約をするのに、すべての顧客に契約条件を読んで理解してから合意せよと要求するのは、現実離れしています。そこで、拘束力を認める代わりに、何らかの法的介入が必要と感じられているのです。

なお、約款というと、消費者保護の問題とイコールで見てしまうきらいもあるのですが、約款をめぐる問題は、必ずしも消費者保護の問題ではありません。中小企業が市販の会計ソフトを導入するときにも、詳細な約款が付いていますが、中小企業がこれを子細に検討して、不合理な条項については変えてくれと交渉しておかないと、全部無条件で拘束される、というのは、やはり合理的ではありません。町の小さな中小企業の要求に応じてソフトウェア会社がいちいち契約条件の交渉に応じていたのでは、ソフトウェアのビジネスが成り立たなくなってしまいますが、かといって、どのような条項でも、一方的に定めれば無条件に拘束するというのも変です。

また、フランチャイズ契約を結ぶときに、フランチャイジー（コンビニでいえば、コンビニの店主）が詳細な契約条項を全部読み、不満な条項は交渉して変えてもらっておかない限り、どのような条項でもすべて拘束されることになる、というのも疑問がないわけではありません。なぜなら、フランチャイザー（コンビニの本部）はそのような契約条件の個別の交渉と修正に応じないことが少なくないからです。しかし、応じないことが悪いことだとは一概には言えません。多数のフランチャイジーと契約をして事業展開しようとするフランチャイザーにとって、それなりに合理性のある条項であれば、画一的に実施することを認めてもらわないことには、フランチャイズビジネスの権利義務の管理にコストがかかりすぎてしまうからです。

そこで、一定の法的コントロールを及ぼすことと見返りに、約款の拘束力を認める、という仕組みが求められているのです。

†約款と似て非なるもの

約款について契約法によるコントロールを及ぼすことに対しては、経済界には強い警戒感があります。しかし、そこには誤解もあるようです。たとえば、法務部を持つ大企業同士の契約の場合、たとえ一方当事者が作成した詳細な契約書が示される場合も、取引相手方は、法務部の専門家を動員して契約条項をチェックし、不満があれば交渉して変更を求める、ということが普通に行なわれています。また、一方当事者が作成するのではなく、業界に契約書のひな形が存在するような場合も、それをもとに両当事者が契約条件を交渉して詰め、合意に達するということもよくあります。

このような場合は、たとえ、たまたま相手方の作成した契約条件や相手の提示したひな形の契約条件をそのまま採用して契約が締結されたとしても、それは通常の契約締結であって、約款による契約と評価する必要はありません。また、このような実質的交渉を経た契約締結が一般的に行なわれている業界で、たまたまある事業者が相手の示した契約条件をきちんと読まずに契約をしたからといって、約款による契約になるわけでもありません。約款としての問題が生ずるのは、一方当事者が事実として契約を読むか読まないかによるのではありません。仮に読んで交渉を求めたとしても、他方当事者がそれに応じないことが通常で、しかも、大量の相手方との画一的な契約という取引の構造からして、応じないことがそれなりに合理性を持つと評価できるような場面なのです。

約款に対する契約法による介入は、一方当事者（約款使用者）に一定の負担を課すことになる場合もありますが、契約自由の原則が妥当する市場でそのような負担が正当化されるのは、そのような負担を課さなければ契約内容の合理性を担保できない、という事情がある場合に限られます。たまたま契約条件を検討するのをサボったら、約款取引としての保護が受けられる、という問題ではないことに留意が必要だと思います。

そのことを法律の条文でどのように表現するかは工夫を要することですが（実質的な交渉があったときは約款のコントロールから外す、といった定め方をする立法例もあります）、条文の定め方を論ずる前に、なぜ約款に対するコントロールが必要かという基本的な立法政策について十分な合意を形成しておく必要があると思います。

†コントロールの二つの次元

個人的な例で恐縮ですが、私の約款体験をご紹介しましょう。普段は一消費者にすぎない私でも交渉力のある契約は、本の出版契約ではないかと思い、ある本を出すときに、出版契約書のある条項について不満だから変えてほしいと求めてみました。しかし、結局変えてもらえませんでした。「今まで全部これでやっていますから、先生だけそのように言われても困ります」と言われました。

これが本来の約款なのだろうと思います。たとえたまたま契約条項を読んだとしても、約款による契約であることは変わらないのです。出版社としては、たくさんの本を出しますので、細かな契約条件についてはできるだけ画一的な処理をするほうが効率的であるのは間違いありません。もっとも、出版契約書は、日本では本ができてから作成することも少なくないようで（私の場合もそうでした）、その意味でも、伝統的な契約観念からは外れているともいえます。

ところで、この体験をしたとき私は、交渉で負けたからやむをえない、これに拘束されよう、とは考えませんでした。たとえこの条件で契約をしても、万一紛争になって裁判になれば十分効力を争うことができる、と考えていました。もちろん、その出版社との間で紛争になると考えていたわけではありません。現実には著者と出版社は信頼関係で結ばれていることが多く、そもそもトラブルになる前に話し合いで解決されることが多いと思います（その意味では法化以前の日本的契約の世界なのかもしれません）。

しかし、純粋に理屈の問題としては、出版契約についての合意があるからといって、すべての条項に無条件に拘束されるわけではない、と私は考えていたのです。現実には、約款についてそういう意識を持つ場面は多いだろうと思います。こんな条項はおかしいと思うけれども、いざとなれば、いい弁護士をつければ何とかなるのではないかと思うことは多々あるわけです。

このように、約款による契約は、当事者が合意をしてサインをしたからといって、当事者が契約に納得しているはずだという推定は成り立たず、合意という事実によって契約内容の合理性を担保することができません。そもそも、読まないことが普通なのです。そこで、契約法のルールによって、その点を補う必要が出てきます。これが約款のコントロールです。

このことは、経済学的な観点からいえば、次のように表現することもできます。たとえ不当な約款が使われていても、情報が完全で市場メカニズムが働いていれば、市場の選択により悪い約款は淘汰されていきます。しかし、約款は通常は当事者が読まないとなると、その選択が働きません。つまり、市場の失敗が起きるのです。そこで、契約の品質を維持するために、法の介入が必要となる、というわけです。

さて、約款へのコントロールには、二つの次元があります。

†組入れ要件

当事者の合意によって内容の合理性を担保できない契約の合理性をどうやって実現するのか。

第一の方法は、市場メカニズムを利用するという方法です。読まないし交渉もしない契約に市場メカニズムがどうやって働くのかという疑問がありますが、実は、大量の相手方との間で同じ約款を使っていると、中には変わった人がいて、読む人がいます。読んでおかしいと感じる人がいる。そして、同じような内容の製品あるいはサービスを提供していながら、おかしい約款を使っていない事業者がほかにいることがわかったら、読んでおかしいと感じた人は、約款の不合理さを理由に取引の相手方を変えるという行動に出る可能性があります。

どのくらいの人がそういう行動に出るかはわかりませんが、膨大な量の取引の中では、そういう人も出てきて、自分はこの約款の条項が変だと思ったから、そのような条項のない事業者に変えたということを言う。

それが他の人びとにも伝わって、他の人も、それならうちも変えようということで、取引先を変える人がどんどん出てきて、ここで市場の選択が行なわれます。もちろん、このようなメカニズムが現実にどこまで発揮されるかはわかりません。経済学の市場メカニズムには、現実にどのくらい働くか、実証的にはなかなかわからないものも少なくありません。ただ、少なくとも理論上は、そういう市場メカニズムが働くことが考えられるので、それが可能になるような仕組みを制度として作っておくということは、法の役割だろうと思います。その仕組みとは、読もうという気を起こした人が読める状態にするということです。

つまり、読もうという気を起こしたのに、どこに約款があるかわからないし、約款があるところに行ってもなかなか見せてもらえないというのでは、やはりおかしいだろう。約款はアクセスのできるところに開示しておく。契約書に約款を添付するのが開示の典型ですが、すべての契約に約款を添付して、さあ読んでくださいなどとやられると、現実の取引が混乱します。書面を交わさない契約もたくさんあります（バスに乗るとき運送契約書は交わしません）。その場合には、読もうと思ったときに読める状態を実現することを法律で要求すべきではないだろうか。これが約款の開示の問題で、約款が契約内容に組み入れられるためには、以上のような意味での開示が必要だという規律です。

開示義務を課すべきではないかという言い方をすると、すべての契約書に約款を添付しろと要求していると受け取られて、たとえば、損害保険業界からは、確かに重要事項は事前に説明するものの、保険約款は契約を締結してから送るのだが、これができなくなるのかと言われます。しかし、必ず事前にすべての相手方に約款を見せるということではなく、事前に保険約款を読みたいと思った人が読める状態を実現する必要はあるのではないか、というのが第一の課題です。

組入れ要件を明示することは、約款を使う事業者にとってもメリットがあります。日本の裁判所は、約款によって契約をするという当事者の（黙示の）意思を比較的容易に認定し、約款が契約内容になることを広く認めてきたといわれますが、内容の公表されない裁判所での和解まで含めると、約款が必ずしも常に契約内容になることが認められているわけではないようです。つまり、現状には、約款が契約内容になるかどうかについて、法的な不安定さが見られます。そこで、ネット取引をしている業界など、どのような約款があるのかが必ずしも広く周知されていない新しいビジネスの業界からは、何をすれば確実に約款が契約内容になるのかの指針を示してほしいという要望が聞かれます。

†不当条項規制

内容の合理性を担保する第二の方法として、約款の内容自体にコントロールを及ぼす方法があります。これには、その手法に応じて、行政的・司法的・立法的コントロールがあります。

行政的コントロールは、そもそもある事業を行なう際に、約款に認可を要求するなどの行政規制をかけて、契約内容のコントロールをするものです。すでに述べたように、いくつかの公共性の高い事業についてはこのような規制が行なわれています。しかし、規制緩和の流れの中で、何でもかんでも行政規制というわけにはいきませんし、えてして、過剰なコントロールとなるおそれもあります。

次に、司法的コントロールというのは、裁判所がコントロールをするということですが、明白に不合理な条項の効力を裁判で否定するために、その手がかりになる条文を法律の中に用意しておくということです。たとえば、アメリカの統一商事法典（UCC）には「非良心性（Unconscionability）」と呼ばれる法理が明文化されていますが（UCC§2-302)、これなどは、不当条項一般について、司法的コントロールをするための一般条項の例です。このほか、約款に限定して、不当条項は無効であるという一般条項を置く例はドイツなどに見られ、「約款に含まれる規定は、当該規定が信義誠実の原則に反して約款使用者の契約相手方を不相当に不利益に取り扱うときは、無効とする」（ドイツ民法三〇七条）といった規定が置かれています。

日本では、民法九〇条の「公の秩序又は善良の風俗に反する事項を目的とする法律行為は、無効とする」という条文を適用して不当な条項の効力を否定しています。しかし、抽象度が高すぎるので、司法的コントロールの予測可能性を多少なりとも高めるために、もう少し約款に即した形で、裁判官が場合によっては条項を無効にできるという規定を置いてはどうかという提案がなされています。

もっとも、たとえ右のような規定を置いたとしても、裁判官の裁量的判断という側面は残りますので、大丈夫だと思っていた条項が無効とされてしまうリスクもあります。そこで考えられているのが、明らかに不当な条項について、あらかじめリストを法律の中に書いておくという方法です。これが立法的コントロールで、ヨーロッパで使われている手法です。

経済界からは、特に事業者間契約について、不当条項リストを作られるのは困るという声が出ています。事業者間契約においても、先に述べた市場の失敗が存在すると言えるならば、経済学的には契約内容に法が介入することは正当化されるはずですが、理想的な交渉がなされれば当事者が合意したであろう合理的な内容を回復するという趣旨を超えて過剰な介入がなされると、創意工夫による経済活動が阻害されるという弊害を伴います。規律の内容をも踏まえながら、消費者契約・事業者間契約それぞれについて、どこまで不当条項の規制が合理性を持つかが議論されるべきだと思います。

†約款の変更

約款の内容についてのコントロールとの関連で、約款の変更についても議論されています。契約法の原則からすれば、いったん結んだ契約の内容を、一方当事者が勝手に変更する自由などなく、変更には必ず相手方との新たな合意が必要です。もし一方当事者が自由に変更できるなどという契約条件を、相手に知られないように契約書に紛れ込ませたとしたら、まさに公序良俗に反するとして無効とされるべき不当条項です。

しかし、多くの相手方と、約款を用いた画一的な取引を、ある程度長い期間にわたって継続するような場合（たとえばクレジットカードの契約など）は、法令の規律が変わった場合などのように、途中で契約条件を変更する必要が生ずることがあり、その際に、すべての取引相手の同意を取り付けなければ変更できないとすると、約款使用者にとって過大な負担となります。また、そのコストが契約価格に転嫁されるとすれば、相手方にとっても負担です。

そこで、変更の理由がもっともなもので、変更された内容が合理的なものであるといった要件を課したうえで、たとえば、変更したことの通知と、それに同意しない相手方に解除の権利を与えることなどによって、一方的な変更を可能にするルールを設ける余地はないかが、議論されています。

契約内容の一方的な変更権は、先に述べましたように、典型的な不当条項のひとつですから、認めるべきではないという議論もありえます。しかし、他方で、現実の必要性があることも事実ですので、どのような要件を課すかを含め、約款に特有な規律のひとつとして、今後さらに議論される必要があるように思います。

約款に関する立法提案をめぐっては、厳しい対立が見られます。とりわけ、経済界からは、理論的観点から過剰な規制がなされ、自由な経済活動が阻害されるのではないかという強い警戒感が示されています。

†約款に関するルールの意義

しかし、すでに述べましたように、約款という現象は、多数の相手方との契約を画一的かつ効率的に処理する必要から生み出された実務であり、その必要性については、約款使用者もその相手方も等しく認めるところだと思います。そして、約款が用いられている場面に、「契約はすべての条件について合意があってはじめて拘束力が生ずる」という民法の本来の原則をそのままあてはめたのでは、実務が動かなくなる、という現実があります。組入れ要件にしても、不当条項規制にしても、それらの規律は、現実に動いている実務に、法制度が追い付いていくためのルール整備という側面があるのです。その意味では、日本で約款がどのように用いられているのか、約款にはどのような内容が書かれているのかをよく吟味し、現実に即したルール整備を行なう必要があるといえるでしょう。

約款についての規律を置くというと、弱者保護のための規制という印象を与えることがありますが、弱者保護の政策と新たな現実に対応するための契約法のルール整備とは一応区別できると思います。約款についてのルール整備には、約款の変更の問題にもみられるように、現代的な取引実務に民法上の基礎を与える、という側面もあるのです。

4 サービス契約

†役務提供契約

日本の民法典が典型的な契約として想定しているのは、実は不動産売買です。条文のどこにもそんなことは書いていませんが、日本民法は一九世紀のヨーロッパの法学を下敷きにして作られており、そこで想定されている典型的な取引というのは不動産売買で、それを典型事例としながら、いろいろなルールが作られているのです。

しかし、現代の代表的な取引は、不動産売買ももちろん重要ですが、やはりサービスのほうに重点が移ってきています。介護契約・学校教育契約・各種金融サービス契約・ソフトウェア開発契約等々、あらゆる領域にサービス契約が拡大しています。サービス（役務提供）を内容とする契約は、民法の典型契約の中では、委任、請負、雇用、寄託という四つの契約類型があります。しかし、民法で雇用と呼ばれる契約は、現在では、労働法に関する法律（労働基準法、労働契約法等）が規律しており、とりわけ、重要な規律は二〇〇七年に制定された労働契約法のほうに吸収されつつあります。また、寄託は、物を預かるという特殊なサービスです。

残るのは請負と委任ですが、請負は建物の建設のように、仕事の完成を目的とする契約です。しかし、サービス契約には、ソフトウェアの開発のように、仕事の完成を目的とするものもありますが、ビルの管理のように、継続的に一定のサービスを提供することが目的で、何か仕事を完成するというわけではないものもたくさんあります。

最後の委任は、法律行為をすること（契約を結ぶなど）を委託するという契約ですから、通常は代理権を伴うような場合を想定しています。委任の典型は、弁護士に契約の締結を委任するといった場合です。法律行為以外の、通常の事務の委託については、民法は準委任という概念を用意しており、サービス契約の大部分をこの準委任が引き受けています。ところが、準委任について定める民法六五六条は、委任の規定を「法律行為でない事務の委託について準用する」と定めているだけです。委任の規定は、典型的には弁護士と依頼者の関係や取締役と会社の関係などを想定していますので、エステティック・サロンの契約にうまくあてはまる保証はありません。つまり、拡大する現代のサービス契約に適用できるような規定が、民法にはほとんど用意されていない、というのが現状なのです。

そこで、サービス契約（役務提供契約）という新たな契約類型を加えてはどうか、少なくとも、サービス契約に適用可能な条文を何らかの形で用意する必要があるのではないか、といったことが議論されています。

†必要な規定

では、現在の民法のように、委任の規定を準用するということには、具体的にどのような不都合があるのでしょうか。たとえば、委任契約は、弁護士への仕事の依頼のように当事者間の強い信頼関係が基礎となっています。このため、信頼が失われているのに契約関係を維持させるのは適当ではありません。そこで、民法は、「委任は、各当事者がいつでもその解除をすることができる」と定め、相手方に不利な時期に解除をしたときに限って、相手方の損害を賠償しなければならないと定めています。

しかし、語学教室で、サービス提供者である学校のほうから自由に契約を解除できるというのは合理的とは思えません。また、サービスの受領者からの解除は、語学学校の生徒からの解除を考えると、自由に認めるべきように思えますが、俳優の劇場への出演契約で、サービス受領者である劇場側が、いったん決まった出演契約を理由もなく解除できるとしてよいかどうかについては、たとえ報酬額を賠償として支払うとしても、議論がありえます。

このように、サービス提供者・受領者いずれの場合も、自由に解除することを認める委任契約のルールが当然には妥当しない可能性があります。

†任意規定の役割

サービス契約について用意すべき条文としては、解除の規律のほか、報酬請求がどのような場合にどのような基準でできるのか、当事者がどのような義務をお互いに負うのか、などいろいろ考えられますが、基本的に、それらの規定は、任意規定としての性質を持っています。つまり、当事者が合意できちんと定めていなかったような場合に、それを補充するために用いられるのが任意規定で、当事者が異なる内容の合意をすれば、そちらが優先します。

そうであれば、とりわけ当事者が詳しい契約書を作成するようなタイプの取引では、わざわざ任意規定主体の典型契約を新設する必要性は乏しい、という意見もあります。しかし、必ずしもそうではないという例を挙げておきたいと思います。

ふたつの最高裁判決をご紹介します。

まず、最高裁の平成二〇年七月四日判決は、コンビニエンス・ストアのフランチャイズ契約の事案です。コンビニエンス・ストアの本部Yが加盟店基本契約に基づき加盟店Xの仕入れた商品の代金をXに代わって支払ってきたことに関し、加盟店Xは、支払先、支払日、支払金額、商品名とその単価・個数、値引きの有無等、具体的な支払内容について報告を求めました。これに対して、そのような義務はないと本部Yが争った事件です。

原審の東京高等裁判所は、XY間で交わされた詳細なフランチャイズ・チェーンの加盟店基本契約書にそのような義務が定められていないことなどを理由にXの請求を退けました。しかし、最高裁は、契約の実質的な内容を詳細に検討したうえで、XYの間に、準委任の性質を有する事務の委託関係があることを指摘し、本件契約の特性を考慮しても民法が受任者について認めている報告義務（「受任者は、委任者の請求があるときは、いつでも委任事務の処理の状況を報告……しなければならない」民法六四五条）を負わないと解することはできない、と判示しました。

準委任に準用されている、委任の規定が定めている義務を認めたのです。この報告義務の規定は、任意規定ですが、詳細な契約書があえてこの義務を書いていなかったとしても、排除されることにはならないと判断したわけです。

また、最高裁の平成二一年一月二二日判決は、相次いでなくなった両親が信用金庫に持ってた預金口座の取引経過の記録を開示するよう、相続人の一人が信用金庫に求めた事件です。争点は、開示の義務の有無に加えて、相続人の一人が単独でその権利を行使できるかでしたが、最高裁はいずれも肯定し、「金融機関は、預金契約に基づき、預金者の求めに応じて預金口座の取引経過を開示すべき義務を負うと解するのが相当である」と述べました。その際、やはり民法六四五条の受任者による報告義務の規定が援用されています。金融機関の預金契約も、やはり、詳細な契約書（約款）が用いられる取引ですが、それでも、そこに書かれていない義務を、民法の任意規定を根拠に認めたわけです。

このように、一定の契約類型について、任意規定であれ、合理的な内容のルールを民法に明文化しておくことは、契約書に明示的に定められていない義務を、当事者の合理的意思の解釈（契約書を補充する解釈）として導く手がかりを提供します。この種の任意規定の重要性を示すものといえるでしょう。典型契約を新たに追加したとしても、内容は全部任意規定だから、あまり意味がない、契約自由の原則があれば十分だ、という意見が実務界にはありますが、たとえ任意規定であってもやはり規定を置いておくと、実際の紛争解決において大きな役割を演ずることがあるという一例といえるのではないかと思います。

†預金

サービス契約との関連で、銀行預金をめぐる契約についても触れておきます。預金契約は、銀行にお金を「預ける」という表現が表しているように、寄託契約の一種です。預かった方（受寄者といいます）が預かったお金を自由に運用できることから、消費寄託契約と呼ばれています。ここまでであれば、現行民法の典型契約で説明することができます。しかし、それ以上に踏み込んだ規定は、民法には用意されていません。

そもそも、民法が制定された当時の日本は、まだ近代的な銀行制度の形成途上にありました。民法施行前年の一八九七（明治三〇）年に金本位制が確立しますが、金本位制の確立は、「かくして日本は真の意味において世界資本主義国の一環に加わったのである」と評されるできごとでした。他方、同じ一八九七年に農工業への融資のために日本勧業銀行が、一九〇二（明治三五）年には重工業への融資のために日本興業銀行が設立されて、銀行による産業界への資金供給が始まります。このような時代ですので、一般の個人の預金契約について民法に規定を置くことなど、まだ考えられない時代でした。

しかし、今日では、預金契約や振込みは最も日常的な契約のひとつであり、かつ、紛争も多く裁判例もたくさんあります。民法に基本的な指針が置かれることが望ましい契約といえるのではないかと思います。

†規定の置き場所

これに対して、「民法は私法の一般法であり預金契約のような特殊な契約に関する立ち入った規定を置くのはふさわしくない」という意見が日本には根強く存在します。しかし、ここに見られる「民法とは……」という民法観念が、第4章で述べたような経緯で誕生した日本の民法によって作られた日本的観念であり、決して普遍性のあるものではないことは、ここまで読んでくださった読者には明らかでしょう。

たとえば、現在のドイツ民法には、決済サービスについての三〇条近い詳細な条文が置かれています。べつにそのまねをする必要があるというのではなく、世界の民法は多様だということです。たまたま一〇〇年余り前に特殊な状況の下で大急ぎで作られた、自国の民法の姿を絶対視するのではなく、もっと柔軟な姿勢で、これからの日本にとって必要な民法典のあり方を考えるべきではないかと思います。すなわち、具体的な規定の必要性を吟味したうえで、それを民法に置くかどうかを実用的政策的観点で判断すればよいと思います。

また、このように特定の事項についての詳細な規定を民法に置くことは、民法の体系的なバランスを崩す、と批判する人もいます。しかし、民法は専門家の審美的な趣味のためにあるのではなく、国民のためにあるのです。体系的な美しさより、まず国民にとっての必要性を重視すべきだと思います。

別の批判として、このような特定の取引に特化した規定は、民法ではなく特別法に置くべきだ、という議論もあります。その背景には、かつては民法改正の手続が重々しく、たいへん時間がかかったという記憶があるのかもしれません。しかし、二〇〇〇年前後に法制審議会が抜本的に改革され、その後は一般の法律と変わらないスピードで改正が行なわれるようになっています。それに、日常的な取引に適用される規律がさまざまな特別法に分散することの不便さを解消することこそが法典を作る大きな理由ですので、特定の取引にのみ適用されるからという理由で特別法に移してしまうと、結局、法典を持つ最大のメリットが失われてしまうと思います。

†振込みをめぐる問題

ところで、預金のうちで、普通預金は、預金者が自由に預金の出し入れができ、第三者もお金を振り込むことができるし、銀行とあらかじめ合意をしておけば、公共料金の支払いなど第三者が預金からお金を引き落とせるようにすることもできるという便利なサービスの付帯した預金です。この、振込み、引落としは大変便利なサービスで、特に、振込みは、現代的な資金移動の手段として活用され、経済活動や日常生活になくてはならないものとなっています。

他方で、振り込め詐欺に見られるように、振込み制度の便利さを悪用した犯罪行為も生じていますし、単に振込先を誤って振り込んでしまう、ということもあります。このように、振り込むべきではなかったお金を振り込んでしまったとき、どうすればよいのか、という問題は、銀行取引をめぐる法律問題の重要な論点です。以下の設例で考えてみたいと思います。

Aが自分の取引しているB銀行に依頼して、DがC銀行に持っている口座に一〇〇万円を振り込むとします。このとき、Aは振込依頼人、B銀行を仕向《しむけ》銀行、C銀行を被仕向《ひしむけ》銀行、Dを受取人といいます。典型的なトラブルは、AがDではなくEに送金すべきところ、誤ってDの口座に振り込んでしまった、という場合です。あるいは、AはDにお金を支払う債務がないのに、あるものと誤解をして振り込んでしまった場合も同じです。

この問題を処理するためには、まず、この振込みによってDに預金債権が成立するのがいつの時点かを明らかにしておく必要があります。預金債権の成立前であれば、Dに迷惑をかけることなくAはお金を取り戻す（組戻しという処理がなされます）ことが可能なように思えるからです。しかし、民法にはもちろんこの点について指針を与える規定はありません。

では、いったんDの預金債権が成立したと評価される時点に達すると、もはやいかなる理由によってもAはお金を取り戻すことができなくなるのでしょうか。最高裁は、「振込依頼人から受取人の銀行の普通預金口座に振込みがあったときは、振込依頼人と受取人との間に振込みの原因となる法律関係が存在するか否かにかかわらず、受取人と銀行との間に振込金額相当の普通預金契約が成立し、受取人が銀行に対して右金額相当の普通預金債権を取得する」(最高裁平成八年四月二六日判決)と述べて、Dの債権者による預金債権の差押えをAは排除することができないという結論を導きました。

この理屈は、資金移動手段としての振込みの安定性を飛躍的に高めますが、他方で、個別事案において公平な解決を導くのを妨げる場合もあります。その典型が、振り込め詐欺でした。犯罪者の口座に振り込んだお金を被害者が取り戻せない、ということになるからです。もちろん、被害者は犯罪者を特定して損害賠償請求をすることはできますが、現実には実効性はありません。そこで、銀行に入った自分の振込金を返してもらいたい、と考えるわけです。

これを実現するために、ややアクロバティックな法律構成が用いられたりしましたが、結局、立法で解決されました。二〇〇七年に制定された「犯罪利用預金口座等に係る資金による被害回復分配金の支払等に関する法律(振り込め詐欺救済法)」です。これにより、金融機関は犯罪に利用された預金口座の取引を停止する等の措置を講ずることとされ、犯罪者に帰属している預金債権を消滅させて被害者に分配するための手続が定められました。

しかし、一般の誤振込《ごふりこ》みについては、なお法的ルールが必ずしも十分整備されているようには思えません。そこで、そういった場面で解決の指針を提供できるようなルールを用意する必要はないか、それが改正の課題となるだろうと思います。

5　自然災害と契約法

†震災に対応できる民法

民法の現代化において忘れてはならないのは、震災などの自然災害の多い日本という環境に対応できる民法を持つ必要があるということです。どこの国にも自然災害はありますが、一九九五年の阪神淡路大震災の記憶さめやらないうちに二〇一一年に東日本大震災と津波、さらにそれに起因する原子力発電所事故に襲われた日本ならではの、民法のあり方というべきかもしれません。この点で、一〇〇年前にフランス法とドイツ法を継受して作られた民法典ではとうてい十分とは言えないことをわれわれは経験から学んでいます。

†消滅時効の停止

まず、第一に取り上げるのは、消滅時効の停止制度です。たとえば、二年の消滅時効に服する売掛代金債権の時効期間が間もなく満了するので、時効の進行をリセットする「中断」の手続をとろうとしていたところ、大震災が起きてそれどころではなくなったとき、時効はどうなるのか、という問題です。

この点について、民法には次のような規定が置かれています。

「時効の期間の満了の時に当たり、天災その他避けることのできない事変のため時効を中断することができないときは、その障害が消滅した時から二週間を経過するまでの間は、時効は、完成しない。」(一六一条)

しかし、東日本大震災や阪神淡路大震災のような震災被害が発生したとき、「障害が消滅した時」をいつと考えるか、という問題はあるとしても、二週間以内に訴えの提起など、時効を中断する措置をとらなければならないのは厳しすぎる感があります。このことは、同じような趣旨から並べて置かれている規定を見ても明らかです。

たとえば、先に出てきた（一六二頁）一五八条は、未成年者や成年被後見人に法定代理人がいないときは、法定代理人が付いてから六カ月が経過するまでは、未成年者または成年被後見人に対して、時効は完成しないと定めていますし、一六〇条は、相続財産に関しては相続人が確定した時から六カ月が経過するまでは、時効が完成しないと定めています。さらに、一五九条は、夫婦間の債権については、婚姻継続中に時効の中断（訴えの提起等）など期待できないので、「婚姻の解消の時から六箇月を経過するまでの間は、時効は、完成しない」と定めています。これらと対比すると、二週間の厳しさが際立っています。

もともと、一六一条は旧民法の規定を引き継いだものですが、旧民法では、「天災」という文字は使われず、「交通の塞がりたるに因り又は地方の裁判事務の停止せられたるに因り」という場面と、債権者が軍人で戦乱のときに従軍していたような場合を想定し、「妨碍《ぼうがい》の止む後直ちに請求を為す」場合には失権しないと規定していました。これに対して、明治民法の制定過程で、「直ちに」というのは厳しすぎるという意見が出て、二週間になったという経緯があります。

つまり、もともとは、債権者が時効を中断しようとしたのに、鉄道が不通になって裁判所に行けなかったといった場面を想定していたようで、それなら鉄道が動くようになってからただちに行動できますし二週間もあれば十分でしょう。言い換えると、債権者の生活基盤が破壊されるような大災害は想定していなかったと思われるのです。

その意味では、自然災害の多い日本に適した規定に改めるという趣旨から、二週間をせめて六カ月に延長すべきだろうと思います。

†金銭債務の免責

民法には、もうひとつ、大震災のような場面に適合しない規定があります。それが金銭債務の弁済が遅れた場合の賠償責任について定めている四一九条です。この規定については、第5章でも触れました。

たとえば、Aから一〇〇万円を借りているBが、返済期日に返済できなかった場合、遅延損害金を年率何パーセントの割合で支払う、などの特約が定められていれば、それが支払われます。しかし、仮にそのような特約がなくても、法定利率によって計算された損害金は必ずとれることになっています（同条一項）。これは損害の発生を証明しなくてもとれるのですが（同条二項）、金銭は預金していても利息が付くのであり、手元にあれば何らかの運用益が生ずるので、法定利率までは必ずとれるようにしたのです。これにより履行を促進するという効果も期待できます。この法定利率をめぐる問題は、すでに検討しました(一六五頁)。

ところで、四一九条三項は、この遅延損害金の賠償について、「債務者は、不可抗力をもって抗弁とすることができない」と定めています。金銭は、たとえ手元になくても借り入れなどで必ずどこかから調達できるものだから、不可抗力(戦争、動乱、大災害などが典型とされます)によって履行できなかった場合も、賠償責任を免れることができない、と立法者は考えたのです。

しかし、阪神淡路大震災の際に、この規定が過酷にすぎることが感じられ、立法論として批判されました。そこで調べてみると、この規定は旧民法の規定を承継したものですが、諸外国にはこれほど厳しい責任を定めているところは見当たらず、ボワソナードの「創意」によるものだろうと言われています。そして、日本の解釈論の体系を築き上げた我妻栄は、「立法例としては特異のものであるが、その当否は疑問である」と述べていました。このような経緯を踏まえると、このたびの改正に際して、改めるべき規定のひとつでしょう。

そもそも、今日では、金銭類似の債務も増えていますので、金銭債務だけ債務者の責任を加重する理由は乏しいと思われます。そこで、通常の債務不履行の原則を適用することで十分ではないかと思えますが、それよりは免責事由を狭くして不可抗力の場合に限るべきだという意見もあります。いずれにせよ、現行法を維持することには合理性はないと思います。

†事情変更

次に、現在の民法には規定がないけれど、震災などの事変に対応できる民法にするためには、規定を設けたほうがいいのではないかという論点として、事情変更の原則がありま す。事情変更の原則とは、①契約時に予見しえなかった事情の変更が生じ、②事情変更が生じたことを当事者の責めに帰することができず、③契約どおりの履行を強制することが信義則に反すると評価される場合に、契約の解除や契約の改定を認める法理です。

いったん契約を結べば、たとえ事情が変わろうと「契約は守らなければならない」というのが大原則です。しかし、事情の変化が限度を超えると、もとの契約の履行を強制することが正義の観点から容認できないと感じられる場合が出てきます。

この原則が大々的に判例で展開したのは、第一次世界大戦後のドイツにおいてです。当時のドイツは凄まじいインフレに見舞われ、数年のうちに貨幣価値が数億から数十億分の一にまで下落し、食料品を買うのにスーツケースに札束を詰めていかなければならないという状態になりました。これがナチスの台頭を許す背景の一つとなったのですが、それはともかく、戦前に行なわれた抵当権付きの長期貸付の返済に関しては、契約どおりの額面での返済を認めることがあまりに信義則に反すると感じられました。

そこで裁判所は、当初の契約の前提となっていた基礎が失われたと判断し、債権額を増額変更する判決を次々と出したのです。これが「行為基礎の喪失（障害）」の法理で、日本で、事情変更の原則と呼ばれることになるものです。この法理は、第二次世界大戦後のドイツでも判例理論として定着しましたので、二〇〇一年の債務法改正の際に民法に明文化されました。次のような規定です。

ドイツ民法三一三条（行為基礎の障害）

(1) 契約の基礎となった事情が契約締結後に著しく変更し、かつ、両当事者がこの変更を予見していたならば契約を締結せず、または異なる内容の契約を締結したであろう場合において、個々の事案におけるあらゆる事情、特に契約上または法律上のリスク配分を考慮して、契約を変更せずに維持することを当事者の一方に求めえないときは、契約の改定を求めることができる。

(2) 契約の基礎となった大前提(原語は「本質的表象」)が誤りであることが明らかになったときも、事情の変更と同様とする。

(3) 契約の改定が不可能であるか、または当事者の一方に求めえないときは、不利益を受ける当事者は、契約を解除することができる。継続的債権関係については、解約告知権が解除権に代わる。

同様な規定は、一九四二年制定のイタリア民法や一九九二年施行のオランダ民法にも置かれており、ヨーロッパの統一契約法のモデル法として起草されたヨーロッパ契約法原則(PECL)や、国際取引に適用される統一契約法として起草されたユニドロワ国際商事契約原則にも採用されています。また、英米法にも似たような法理が存在しています。

†事情変更原則の明文化

このように、国際的に確立した法原則といえることに加えて、日本でも、戦前の大審院判例には実際の適用事例があり、最高裁には肯定的な適用例はないものの、事情変更の原則の存在を認める判決が出ていること、さらに下級審判決には肯定的な適用事例が少なくないこと、といった事情を踏まえて、事情変更の原則を条文に規定すべきだとの提案が学者グループの案でなされています。

この立法提案に対しては、経済界や実務法曹界から強い反対が述べられています。反対の理由として挙げられているのは、きわめて例外的な法理を明文化することで安易な適用を招くおそれがあること、明文化により濫用的な主張が増えるおそれがあること、明文化により柔軟な解決が妨げられるおそれがあること、とくに契約改定を認める条文を置くことは、裁判所に困難な判断を強いることになり、また有利な改定を獲得するための当事者の不合理な行動を誘発するおそれがあること、等々です。

これらの反対論は、実務経験を踏まえて提示されていますので、十分考慮される必要があります。明文の規定がない現在でも、濫用的な事情変更の主張に遭遇した経験のある実務家は少なくないのでしょう。また、経済変動が自己に不利に振れた際に、損失を回避するために安易に事情変更の原則が主張されるおそれがあり、この原則を明文化することにより、そのような主張を認める判決が出かねないことへの危惧感は十分理解できます。とりわけプロの事業者間の契約においては、経済変動のリスクをどのように処理するかにこそ市場競争が働くべきで、予測の失敗のコストを相手方に転嫁する手段として安易に事情変更の原則を使うことは認めるべきではありません。

しかし、他方で、契約にリスクとして織り込むことが期待できないような予想外の事変が起きた場合に、何らかの対応が必要であることは、あまり異論がないと思います。予想もしなかった大震災が発生したり、火山が噴火したり、といった大災害が発生したときのリスクを、何の責任もない一方当事者にのみ押し付けるのが公平だとはいえないでしょう。しかも、日本は、そのような大災害が決して稀ではない国です。たとえば、次のような事例について、解決の指針を民法が用意しておく必要はないのでしょうか。

例1：建設途中の建築物が想定外の大震災で崩壊し、契約どおりの対価で工事を継続することが、請負人にあまりに過大な損失を強いることになるとき、どうすればよいか？

例2：保育園を開園する目的で建物の賃貸借契約を結んだが、直後に原子力発電所で予想もしなかった事故が発生し、当該地域が緊急時避難準備区域に指定された結果、開園が事実上困難になったとき、賃貸借契約はどうなるのか？

もちろん、日本の歴史を振り返れば、地域を壊滅させるような大震災がありうることは誰もが知らないわけではありませんし、原子力発電所が存在する以上、事故が起きうることは想像できないことではありません。しかし、たとえそのような事変が日本では稀ではないとしても、ある特定の人に降りかかる蓋然性がきわめて小さいのも事実ですから、それが起きた場合の処理についていちいち契約締結の際に合意しておくというのは、それ自体あまりにコストが高く、とうてい経済合理的な行動とはいえません。そこで、個々の当事者にとってはきわめて例外的であっても日本という一国単位で見ると決して稀とは言えない事態が、現実に起きた場合の処理の指針を、民法に定めておくことは十分理由のあることであるように思えます。

ただし、その法理が適用されるような事情変更が、多くの人が想定外と考えるような大災害のような事変を意味しており、単なる経済変動を含むものではないこと、つまり経済変動のリスク予測の誤りを救済する法理ではないことは、立法過程において明確に確認しておくべきです。

たとえば、一九九〇年代のバブル崩壊に象徴される経済変動についていえば、崩壊する以前の一九八〇年代後半の段階で、株価や地価の異常な上昇を人びとは「バブル」と呼んでいたのであり、バブルがはじけるものであることは、その時期や規模の予測は困難にしても、取引のプロなら当然織り込むべきリスクだと思います。当時はとうていそのような予測はできなかった、と語られることもありますが、バブルに踊る人びとの輪の外でそれを眺めていた私の実感とはかけ離れています。このような事案で安易に適用されることのないように、注意深い条文化が求められると言えるでしょう。

しかし、他方で、それを「信義誠実の原則」のような一般条項に委ねて個別判断で処理すればよいというのは、法理の存在と要件・効果について一定の理解を持っているプロの発想であり、民法の透明性を高め、民法を市民のための法にするという理念にはそぐわないと思います。

†契約改定

事情変更の原則の明文化をめぐっては、とりわけ効果として契約改定を認めることへの抵抗感が強いのも事実です。取引の素人である裁判官が契約の改定などできるのか、そもそも、契約改定を認めると、自己に有利な改定を勝ち取ろうとする当事者が、法廷に出す情報を恣意的に操作し、戦略的に行動するから、裁判で望ましい改定を実現することは困難ではないか、等々の批判があります。批判者の危惧は、もっともです。

ただ、現実に事情変更の原則が適用される事案には、契約の解除では解決にならない事例があるのも事実です。たとえば、ドイツの第一次世界大戦後の判例の事案のように、すでに貸し付けられたローンの返済の金額をめぐって争いが生じている場面で、契約を解除してみても何の解決にもなりません。ここでは契約改定以外に救済の方法がないのです。事情変更の原則を定める各国の民法が、効果として契約改定を認めている理由の一つは、この点にあるのだろうと思います。

日本の事例を見ても同様なことがいえます。たとえば、事情変更の原則の要件を最高裁が具体的に判示した最高裁平成九年七月一日判決は、ゴルフ場ののり面（斜面に盛り土をした部分）が崩壊したことによる費用負担を会員に求められるかが争われた事件ですが、最高裁は、のり面崩壊は予見できたとして、事情変更の原則の適用を否定しました。ところで、この事件の原審裁判所である大阪高裁は、事情変更の原則の適用を肯定しました。

この判断は、最高裁で覆されており、原審を破棄した最高裁の判断には十分理由があるように思われます。

ただ、もしこの事案で予見可能性のない事情変更が生じたと評価されて、原審のように事情変更の原則が適用されたと仮定すると、その効果は何でしょうか。原審が認めたのは、追加の預託金を支払わなかった会員は、会員権の譲渡や預託金の返還請求はできるけれど、ゴルフ場の優先的優待的利用権はない、というものです。これは契約上の地位であるゴルフ場会員の権利の一部制限ですので、まさに契約改定にほかなりません。この事案では、契約解除で処理するより契約改定による処理のほうが合理性があると思われます(ゴルフ場側も改定を主張しています)。

したがって、解除で処理できない、あるいは処理するのが合理的ではないような場面で、契約改定の余地を認めておく実務的必要性はあるように思えます。裁判所に当事者が求めていない改定の権限を与えても、実際の紛争解決につながるとは思えませんので、契約改定は、あくまで当事者が求めていて、かつ、ほかに合理的な解決が見出せないような場面に限ったほうがよいかもしれませんが、限定的にせよ、これを認める必要性はあるように思えます。

第7章

市民のための民法をめざして

†法務コストの削減

本書の総括として、いま契約法を中心とした民法の改正を実現することが、どのようなメリットをもたらすのかについて、まとめておきたいと思います。

充実した法務部を持つ大企業は、民法にルールが書かれていない現状で別に困っていないと言います。しかし、日本の企業の大部分は中小企業であり、法務部など持たない企業が多数を占めます。そのような中小企業にとって、現状では、基本的な民法のルールを知るためにも、お金を払って弁護士などの専門家に尋ねるか、または体系書などの書物を苦労して読まなければなりません。本来、条文の中に書かれているべきルールを知るために、それだけのコストがかかるのです。

確立したルールを条文に書くことは、それらの法務コストの節約になります。それを金銭換算することは簡単ではありませんが、長い目で見ると、決して小さな額ではないことは想像できます。民法を改正すると契約書を書き換えなければならず、差し迫った必要もないのにそのようなコストを企業に強いることはすべきではない、といった反対論も聞かれますが、法務コストの節約だけでも、国全体として見れば、改正に対応する契約書書き換えコストをはるかに凌駕《りょうが》するメリットを生み出すはずです。

さらに、一般国民が、確立したルールを容易に知ることができないということは、正義の実現が阻害されるという、正義のコストを生んでいることも知る必要があります。

†読めないテキストの権威

かつて、中世ヨーロッパでは、ラテン語で書かれたローマ法大全を各国語に翻訳することは、長らくタブーでした。似たような状況は、キリスト教の聖書にも見られます。ヘブライ語であれ、ギリシャ語であれ、あるいはラテン語であれ、聖書は聖職者達の独占物であって一般庶民の読めるものではありませんでした。マルティン・ルターがこれをドイツ語に翻訳し（ドイツ語に訳したこと自体はルターが初めてではありませんでしたが）、庶民に対して、聖書だけをよりどころとすべしと説いたとき、伝統的なキリスト教勢力は猛烈な弾圧を加えたのです。

今日では、聖書は誰にも読める書物として普及しています。聖職者は、そこに何が書かれているかを知っていることで権威を得るのではなく、聖書を読むことのできる人びとを相手に説得的な解釈を施すことが求められます。その結果として、聖書解釈の水準が向上したであろうことは想像に難くありません。この点は、いまだに経典の内容を庶民が理解できない状態に置かれている日本の仏教とは違うかもしれません。仏教では、仏様の教えの内容は、ただただお坊様の説法を聞くほかない状態が続いています。

法の世界では、かつてローマ法が提供していた権威は、いまでは各国の国会で成立した法律によって担われることになりました。素人が読んでも容易に意味がわからないとしても、少なくとも現代の自国語で書かれているという点で中世のローマ法とはまったく異なります。

もっとも、日本の民法典は、その特異な歴史的経緯によって、条文の数は少なく文章もまことにシンプルであり、ルールの大部分は解釈論として法典の外にあります。日本語で書かれているとはいえ、実際の内容は行間を読まなければ（つまり分厚い注釈書を読まなければ）わからないという点では、ラテン語で書かれているのと大差はないかもしれません。専門の法律家に頼るほかないゆえんです。この法典に、一般の人が読んでもある程度理解できる文章で、実際に裁判で運用されているルールをきちんと書き込もうというのが、このたびの契約法改正なのです。

†国際競争の中の民法

法務コストの削減と並んで、改正の大きなメリットとして指摘すべきなのは、日本民法の国際競争力を高めることが、国際展開しようとする企業、とりわけこれから国際展開をめざそうとする中小企業にとって有するであろうメリットです。今日の世界の契約法の水準を示すような公平な内容を持ち、英語に訳しても明晰さを失わない文章で書かれた民法を持つことは、日本企業と取引する海外の相手企業に対しても、取引において日本法を準拠法として使用する大きな動機を与えます。

国際私法を専門とする道垣内《どうがうち》正人教授は、「『債権法改正』の国際競争上の必要性」と題する文章の中で、日本の債権法（契約法）が国際競争にさらされていることを認識すべきだと訴え、「日本の債権法の品質が向上して国際競争力をつけることによってもたらされる経済効果は算定困難ではあるものの、日本の弁護士業務の対外進出に結びつくとすれば、相当なプラスが見込まれる」と指摘しています（道垣内正人「『債権法改正』の国際競争上の必要性」ビジネス法務二〇〇九年八月号一頁）。

また、渉外取引の実務に携わる太田穰弁護士は、自らの経験を具体的に引きながら、

「外国の法律を準拠法とする取引は、日本企業にとって法律の調査のために相当な費用・時間が必要となる上、リスク判断が不透明になる。もし日本法が準拠法として適用されれば、調査の費用・時間を節約できるばかりでなく、自社の法的リスクをより容易に判断できることになる」と述べて、国際取引のスタンダードとなりうる民法改正の必要を指摘しています（日本経済新聞二〇一一年七月二九日朝刊「経済教室」）。

商社の法務部で国際取引を数多く手がけた経験を持つ柏木昇教授もまた、「国際契約交渉においても、『日本の法律は分かりづらくブラックボックスであるから、準拠法としては不適切である』ということが海外の交渉相手から主張されることは珍しくない。自分たちさえ分かればよい、という内向き姿勢を捨てて、世界の潮流に合った透明な民法典ができることが望まれる」と述べています（柏木昇「専門家の内向きを排した契約法世界共通化への前進が大事」Business Law Journal 二〇一一年八月号五八頁）。

まさに、フランスで言われていた「法の輸出」に耐えられるような、市場価値の高い民法（契約法）が求められていると言えるでしょう。

†新成長戦略と契約法

民主党は、二〇一〇年に発表した新成長戦略の中で、「切れ目ないアジア市場の創出」をうたっています。この政策的方向は、もはや一つの党の政策を超えた普遍性を有しているというべきでしょう。環太平洋戦略的経済連携協定（TPP）が近い将来実を結ぶかどうかを問わず、アジア、ないし東アジアに、国境を越えた市場が形成される方向に進んでいくことは確実です。そして、市場が関税障壁、非関税障壁を除去して拡大していけば、これまでの歴史を見ても、必ず次の段階で、契約法の統一ないし内容的な共通化が求められます。

そのアジアでは、先に述べたように中国が一九九九年に新契約法を制定し、一九世紀ヨーロッパ型の民法を継受した韓国も、二〇〇九年から四年計画で民法典の財産法を全面改正する作業を行なっています。アジアの国々が、次々と二一世紀型民法へと転換していく中で、一九世紀末にヨーロッパの民法を継受し、以来自前で運用してきた最も長い経験を持つ日本が、「解釈で回っているから改正の必要がない」という内向き指向では、今後のあるべき契約法についての国際的なフォーラムにおいて、何らの役割も演ずることができません。

日本が改正をせず、あるいは最小限の改正にとどまるなら、いずれ、日本の外で契約法のグローバル・スタンダードが形成されるでしょう。そのときになって、日本はこういう内容にしたいと主張しても、もはや手遅れです。あとはグローバル・スタンダードを受け入れるか否かの選択しか残されていません。ちょうど、国際会計基準（ＩＦＲＳ）をめぐる近年の状況と似ています。

†日本からの発信

以上に述べたような国際的視点で改正のあり方を考えるなら、確立した判例ルールを明文化する際も、その合理性を対外的に説得的に主張できるような内容の規定を、可能な限り明晰な文章で作る努力が望まれます。つまり、改正理由は、外から見ても説得的であるべきです。国内の声の大きな利害関係者間の妥協が成立したから、というだけでは、国際的なインパクトを持ちえません。めざすべきは、グローバル・スタンダードの形成に影響を与えるような改正です。その意味では、契約法の改正は、国家戦略としての意味を持っている、と言うべきでしょう。まさに、日本の選択が迫られているのです。

†法典全体への視点

最後に、このたびの改正対象を超えて、民法典全体にかかわる大きな論点についても、触れておきたいと思います。二つあります。第一は、民法典の他の領域の改正への見通しの必要性です。

まず、不法行為法の動きが注目されます。国際的に見ると、中国が二〇〇九年に権利侵害責任法（不法行為法）を制定しました。これは、これまで不法行為の個別問題ごとにさまざまな法律、行政規定、司法解釈（最高人民法院が示す見解）などが林立し、相互に抵触も生じていたのを整理し、体系的な法律として統合したものですが、全体で九二カ条からなる大きな法律です。不法行為法だけでこれだけの条文数を持つ法律は比較法的にもあまり例がなく、内容的にも、「医療損害責任」や「環境汚染責任」といった章も設けられているなど、先進的なものです。他方、フランスでも、契約法の改正に先駆けて、民事責任法（不法行為法）の改正草案が二〇一〇年に元老院に提出されています。こちらも六〇条を超える規模の条文が用意されています。

これに対して、日本民法の不法行為法の規定は一六カ条だけです。今後、不法行為法の現代化も大きなテーマとなることでしょう。市場の拡大は、契約法と並んで、不法行為法の共通化をも要請すると思われますので（製造物責任法が国際的に共通化したのと同じです）、そのような観点からの検討も必要になると思われます。日本民法の不法行為が古典的な姿のままで、重要な規定が数多くの特別法に分散しているという状態でよいのか、といった問題も、議論されることでしょう。

次に、担保法も大きな改正課題を抱えています。とりわけ、在庫商品などの集合動産をまとめて担保化し資金調達する需要は、中小企業を中心にますます拡大していますし、大型のプロジェクト・ファイナンスでも、あらゆる動産や債権、知的財産権を担保化する必要が生じます。しかし、民法にはまったく手当がなされていません。現在は、譲渡担保という判例法で形成された仕組みが使われていますが、担保制度はまさに国家が用意すべき市場のインフラそのものですので、アドホックな判例法の形成に委ねることには限界があります。他方、この領域でも、国際的な標準化の動きがありますので、それとの関係にも注意を払う必要があります。国際モデルとなりうるような新たな制度を日本から発信する余地は、契約法と同様、いまならまだ残されていると思います。

これらの領域を含め、財産法全体について、現代化していく必要性は大きいと思います。

†改正のスピード

ところで、現在進行している契約法の改正作業について、基本法典の改正として拙速である、という批判があります。大きな法律改正が始まると、どんな場合も「拙速」批判が投げかけられるのが常ではありますが、契約法改正に関して、本当に拙速なのかどうかを考えてみていただきたいと思います。

このたびの契約法の改正作業について、法務省がその必要性を含め検討に着手したと報ぜられたのが二〇〇六年のはじめです。この頃から法務省内部での検討が始まりました。他方、学界では、一九九〇年代前半から改正に向けた検討がなされていましたので、法務省が検討に着手するなら学界からたたき台となりうるような案を出そうではないかと、いくつかの学者グループが組織され、集中的な検討を行なって、改正案を公表しました。それに対して、弁護士会などからもさまざまな意見や対案が出され、そのような民間の議論の盛り上がりを受けて、二〇〇九年に法制審議会への諮問がなされました。

仮に契約法改正の作業が今後順調に進んだとしても、まだ何年もかかります。そのあと、契約法改正と同様なペースで担保法や不法行為法など残された領域の改正が順次行なわれると仮定すると、財産法全体の改正が完了するのに、おそらく優に二〇年、場合によってはそれ以上かかると思われます。これは、これまでの世界の民法改正の例を見ても、決して拙速ではありません。むしろ、時代のスピードがこれほど速い中で、こんなペースで改正をしていてよいのかということが問われるべきであるように思えます。

たとえば、ドイツでは、連邦司法省の改正案が突然公表されてから一年あまりで債務法の抜本改正を完了しました。フランスでは、オルドナンスと呼ばれる委任立法権を行政府が用いることで、逐条の国会審議を経ずに民法改正が可能ですので、その気になればあっという間に改正できてしまいます。実際、担保法はそのような手法で改正されましたので、司法省のもとに作られた作業グループが報告書を出すまでに一年八カ月ほど、その後改正の実現までに一年しかかかっていません。また、韓国では財産法全体の改正が四年計画で進められています。

日本ではドイツ、フランスや韓国のようなスピードは無理ですし、そもそも、広く国民の関心を喚起し、多くの関係者のコンセンサスを得ながら改正を行なうという日本の立法手法の伝統は守られるべきでしょう。しかし、たとえば、複数の領域の改正を同時進行させるなどして、タイムリーに民法典を現代化するための工夫も怠るべきではないように思います。民法の国際競争力は、改正のタイミングにも影響されるからです。

†民法典の編成

次に、民法典の編成についても触れておきたいと思います。現在民法典はドイツ式に総則から始まり、五編構成になっています。これを維持するかどうかです。条文の配置などは、実務的には余り大きな問題ではなく、要するにわかりやすければいいのだから、現状で特段問題がなければ、変更する必要などない、という意見も多く聞かれます。では、現状で本当に何も問題はないのでしょうか。まず、総則編の構成をご覧ください。

第一章　通則
第二章　人
第三章　法人
第四章　物
第五章　法律行為
第六章　期間の計算
第七章　時効

このうち、第二章の「人」の規定の半分以上を「行為能力」の規定が占めています。しかし、これらの規定は、実質的には第四編親族の中にある第五章後見と第六章保佐及び補助というふたつの章の規定の一部と考えるべきものです。高齢化社会に対応するために一九九九年に導入されたいわゆる成年後見制度に関する規定が、二つの編に分断して置かれているのです。わかりやすさという点からいえば、まとめたほうが望ましいと思います。なぜこのように分断されたかというと、総則という抽象度の高い編を冒頭に置くパンデクテン方式が採用され、そこに「人」「物」「行為」のすべてについての抽象度の高い規定を置こうとしたからです。しかし、実際には、抽象化されているというより単に規定が分断されているように見えます。

また、「法人」の規定は二〇〇六年の改正でほとんどが削除されて一般社団法人法という別の法律に移されましたので、現在は、抽象度の高い原則規定ではなく、断片的規定と外国法人の規定が残っているだけです。

さらに、「物」の規定も所有権の客体についての導入的規定ですので、実質的には物権編の一部が分断されて置かれているにすぎないように見えます。

実は、このような印象は、決して突飛なものではなく、パンデクテン方式の発祥の地ドイツにおいても、冒頭に巨大な総則を置く方式は、繰り返し批判にさらされてきました。たとえば、ドイツを代表する法学者のひとりで、その著書（ただし旧版）が故鈴木禄弥東北大学名誉教授の名訳によって広く日本でも読まれたヴィーアッカーの『近世私法史』には、次のような叙述があります。

「批判は、なんといっても、BGB［ドイツ民法］の総則の論理的に矛盾に充ちた構成要素に、向けられている。自然人・法人と物の章とは、一般化ではなくて、人事法・社団および団体法ならびに物権法の断片であり、それが今日まで残存しているのは、法学提要体系［本書四一頁参照］が人・物および行為という三分法をとっていたからである。」

「以上のごとき理由から、われわれは、総則は法典にとって不可欠のものではないと、考える」。

†法学教育の視点

総則編が現状で問題を生じていることを、最も切実に感じているのは、法学教育の現場にいる教師だろうと思います。民法の総則編第五章には「法律行為」という概念が出てきます。そして、前に出てきた「意思表示は、法律行為の要素に錯誤があったときは、無効とする」という条文などが並んでいます。しかし、第三編債権の中に出てくる契約についての理解なしに、この規定の意味を理解することは不可能です。そこで、法学教育の現場では、まず契約について概要を説明し、それから、契約を例に挙げながら法律行為の規定を説明するのが通常です。実際、法律行為のところに置かれている規定は、すべて、抽象的な法律行為ではなく、契約に則して説明したほうがわかりやすいのです。

その意味で、総則編が冒頭にあることは、法学教育の現場では、支障をきたしているということができそうです。そして、法学教育の最初に学ぶ民法は、法律家の思考様式を決定づける重要な機能を果たしていますから、法典に教育的配慮があるかどうかは、非常に重要です。

余談になりますが、契約法の改正について弁護士や裁判官などの法曹実務家と議論をしていると、「学者は実務への影響を十分考慮していない」と批判される実務家の方々が、きわめて学理的な（理論や体系を重視する）議論にこだわりを見せる場面にしばしば遭遇しました。そして、自分の頭にしみこんでいる思考様式と相容れない発想の改正には強く異論を唱える、ということが珍しくありません。しかし、実はその思考様式は、実務経験が生み出したというより、最初に受けた法学教育で植え付けられていることが多いのです。

その意味でも、民法典がどのように編成され、教育がどのように行なわれるかは、通常考えられているよりはるかに重要なことであると思います。

†総則についての思考実験

仮に、思考実験として、以上に述べたような疑問を反映させて、人の規定は親族編の規定と一体化させ、物の規定はそのふる里である物権編に戻すといった再編成を行なうと、総則はずいぶん小振りになります。さらに、思考実験として、法律行為の規定は実際には契約について問題となるのだから、債権編に配置して、必要に応じて契約以外の法律行為（解除や遺言のような単独行為と呼ばれる行為など）に準用する、という手法を採用すると、総則は、全体を通ずる一般原則だけになります。

実はこれが、日本の民法学者の全面的な支援を受けて作られたカンボジア民法の編成です。日本では総則編に置かれている時効も、取得時効は物権編に、消滅時効は債務編（「債権」ではなく国際的に一般的な債務編という表記を採用しています）に配置されています。その結果、総則編には、一般原則のみ五カ条が置かれているだけです。全体の編成は次のとおりです。

第一編　総則（原則のみ五カ条）
第二編　人
第三編　物権
第四編　債務
第五編　各種契約・不法行為等
第六編　債権担保
第七編　親族
第八編　相続
第九編　最終条項

このような編成を採用すると、今回改正の対象となっている契約法は、実質が担保である保証などを除いて、ひと固まりに配置されることになります。日本人が作ったものでもあり、編成のひとつのあり方として、参考にはなると思います。

今回の契約法改正が、いずれは民法典の全面的な現代化へとつながるであろうことを考えると、最終的に日本の民法典がどのような姿になるべきかも考えておく必要があります。これは、民法典を持つ多くの国々の間でも注目を集めるであろう重要な論点です。その全体像を思い描きながら、契約法の改正も進めていく必要があると思います。

おわりに

　これまで、契約法を中心とした民法の改正について、どのような改正が想定されているのか、その必要性はどこにあるのかを、できるだけ法律の専門知識がなくても理解していただけるように、解説しようと試みてきました。

　改正の重要な論点は、本書に取り上げたもの以外にもたくさんあります。たとえば、現代的な資金調達の需要にこたえられるような債権譲渡法制の整備は、改正の主要な論点の一つです。また、詐害行為取消権と破産法との調整など、企業の倒産局面の実務で重要な意味を持つ改正の論点もあります。しかし、これらの問題について、その意義を理解していただくには、さらに立ち入った専門的な説明が必要となりますので、本書では割愛しました。関心を持たれた読者には、法務省ウェブサイトで公開している、中間的な論点整理の補足説明や、その前提となった部会資料をご覧いただきたいと思います。

われわれの日常生活や経済活動に密接にかかわる民法が変わろうとしているのに、一般の国民に必ずしも十分知られておらず、他方で、法律家や企業法務の実務家の中には、解釈で動いている現状で何も困っていないから改正の必要はない、といった意見が根強く存在しています。

しかし、本書で述べましたように、世界の民法、とりわけ契約法が大きく動いている今日、耐用年数を過ぎた日本民法を、透明性の高い現代的民法に作り替えることは、今後三〇年後、五〇年後の次世代の日本人に対する現代の法律家の責務だと思います。日本がモデルとした一九世紀型の民法が次々と改正され、二一世紀の世界の市場をにらんだ新しい契約法のモデルが作られようとしています。いま自分は困っていないから改正は不要だという内向きの声に押されて、貧弱な改正にとどまってしまうことが、どれほど国益を損なうことになるのかを、多くの皆さんに考えていただきたいと思います。そんな思いで、本書を書きました。

日本の法実務は、世界に誇ってよい水準にある、と私は考えています。その蓄積を、外からも見えるように透明性の高い条文の形に結晶させること、そして同時に、世界の契約法の進むべき道を指し示すような現代化を実現すること、そのために、一人でも多くの方々の理解を得たいと思います。本書がその一助となるなら幸いです。

私は現在、法務省に所属していますが、参与という身分で、担当者の求めに応じて学問的見地から自由に意見を述べる立場にあります。本書も、ながねん人学教授として民法を研究してきた私個人の考えを自由に述べたものであり、法務省の見解とはかかわりがないことをお断りしておきたいと思います。

最後になりましたが、本書の執筆に際しては、私の最も信頼する編集者の一人である筑摩書房の増田健史さんにたいへんお世話になりました。増田さんとはもう一〇年来のおつきあいで、別の本の企画が延々と「遅滞」に陥っているにもかかわらず、本書の刊行に深い理解を示され、まことに綿密かつ的確な指針を示して完成に導いてくれました。心からお礼を申し上げたいと思います。

二〇一一年九月

内田　貴

ちくま新書
925

民法改正《みんぽうかいせい》
——契約《けいやく》のルールが百年《ひゃくねん》ぶりに変《か》わる

二〇一一年一〇月一〇日　第一刷発行
二〇一一年一一月　五日　第三刷発行

著者　内田 貴（うちだ・たかし）

発行者　熊沢敏之
発行所　株式会社 筑摩書房
東京都台東区蔵前二-五-三　郵便番号一一一-八七五五
振替〇〇一六〇-八-四一二三
装幀者　間村俊一
印刷・製本　三松堂印刷 株式会社

乱丁・落丁本の場合は、左記宛にご送付下さい。
送料小社負担でお取り替えいたします。
ご注文・お問い合わせも左記へお願いいたします。
〒三三一-八五〇七　さいたま市北区櫛引町二-六〇四
筑摩書房サービスセンター　電話〇四八-六五一-〇〇五三

ISBN978-4-480-06634-3 C0232

ちくま新書

465 憲法と平和を問いなおす　長谷部恭男
情緒論に陥りがちな改憲論議と冷静に向きあうには、そもそも何のための憲法かを問う視点が欠かせない。この国のかたちを決する大問題を考え抜く手がかりを示す。

594 改憲問題　愛敬浩二
戦後憲法はどう機能してきたか。改正でどんな効果が期待できるのか。改憲論議にはこうした実質を問う視角が欠けている。改憲派の思惑と帰結をクールに斬る一冊！

722 変貌する民主主義　森政稔
民主主義の理想が陳腐なお題目へと堕したのはなぜか。その背景にある現代の思想的変動を解明し、複雑な共存のルールへと変貌する民主主義のリアルな動態を示す。

775 雇用はなぜ壊れたのか——会社の論理vs.労働者の論理　大内伸哉
社会を安定させるために「労働」はどうあるべきか？セクハラ、残業、労働組合、派遣労働、正社員解雇など、雇用社会の根本に関わる11のテーマについて考える。

803 検察の正義　郷原信郎
政治資金問題、被害者・遺族との関係、裁判員制度、検察審査会議決による起訴強制などで大きく揺れ動く検察の正義を問い直す。異色の検察ＯＢによる渾身の書。

867 デジタル時代の著作権　野口祐子
二十世紀末から進展し始めたデジタル化の波は、著作権という制度にも揺さぶりをかけている。今何が問題で、何を知っておかねばならないのか。基本から説き起こす。

891 地下鉄は誰のものか　猪瀬直樹
東京メトロと都営地下鉄は一元化できる！　利用者本位の改革に立ち上がった東京都副知事に、既得権益の壁が立ちはだかる。抵抗する国や東京メトロとの戦いの記録。